El mito de las tres transformaciones

JUAN MIGUEL ZUNZUNEGUI

El mito de las
tres transformaciones

Grijalbo

El mito de las tres transformaciones

Primera edición: febrero, 2019

D. R. © 2018, Juan Miguel Zunzunegui

D. R. © 2019, derechos de edición mundiales en lengua castellana:
Penguin Random House Grupo Editorial, S. A. de C. V.
Blvd. Miguel de Cervantes Saavedra núm. 301, 1er piso,
colonia Granada, delegación Miguel Hidalgo, C. P. 11520,
Ciudad de México

www.megustaleer.mx

ISBN: 978-607-317-518-0

Impreso en México – *Printed in Mexico*

El papel utilizado para la impresión de este libro ha sido fabricado a partir de madera procedente
de bosques y plantaciones gestionadas con los más altos estándares ambientales, garantizando
una explotación de los recursos sostenible con el medio ambiente y beneficiosa para las personas.

Penguin
Random House
Grupo Editorial

Tres transformaciones del Espíritu les presento.
Cómo el Espíritu se transforma en camello, el camello en león,
y el león finalmente en niño.

Así habló Zaratustra
F. Nietzsche

LA GUERRA Y LA PAZ EN MÉXICO

México nunca ha vivido en paz. Nunca en toda su historia. Que los mexicanos aprendamos a hacerlo es la gran transformación que el país necesita, y la única que nos ofrece un futuro. Nuestro país ha tenido grandes oportunidades de trascenderse a sí mismo, de superarse, y de llegar a grandes alturas... Llevamos toda nuestra historia desaprovechando dichas oportunidades, precisamente por nuestro estado perpetuo de guerra.

Nunca hemos vivido en paz; es fundamental aceptar dicha premisa si queremos superar el estado de guerra interna en que estamos inmersos, si queremos salir de la espiral de violencia que nos envuelve, de los radicalismos que nos dividen, de la intolerancia que nos fragmenta, de la rabia que nos enfrenta, del rencor que nos carcome.

Nunca hemos vivido en paz porque no hemos forjado un país que invite a la paz, uno que permita que cada individuo viva con certezas y donde cada ser humano pueda vivir con plena dignidad su humanidad, un país sin abusos ni humillación, sin desposeídos invisibles y déspotas poderosos... un país con igualdad de oportunidades en el derecho inalienable de la búsqueda de la felicidad.

México nunca ha tenido una verdadera transformación. Aceptar esta premisa es la única forma en que podremos transformarlo realmente y convertirlo en algo mucho más grande de lo que siempre ha sido. Aceptar la realidad ayuda a transformarla; esconderla con discursos histórico-nacionalistas, sólo nos lleva al autoengaño y a la ceguera selectiva. Nada se puede transformar desde ahí.

Nunca hemos dejado de odiarnos unos a otros, por eso jamás hemos logrado transformar el país, y es difícil pensar que pueda ser trasformado por personas que han dedicado vida y carreras políticas a incitar ese odio y esa división con tal de tomar el poder, o por ciudadanos que están prestos al conflicto, al madrazo fácil, a la menor provocación. Ésa es la triste historia de nuestra clase política y de nuestro pueblo.

No más discursos nacionalistas para filtrar la realidad, no más falsa dignidad patriotera que se rasga las vestimentas cuando se señala el evidente lado oscuro de un país que marcha por el sendero de la autodestrucción. Si hay que transformar al país es porque está mal, y si está mal es porque lo hemos construido mal entre todos, porque hemos permitido llegar a estos niveles, con nuestra actitud, con nuestra inconsciencia, con nuestro abuso, con nuestra mentalidad, con nuestra agresión, con nuestra indolencia. Cada quien debe indagar dentro de sí para saber qué tanto construye o destruye a México.

Hoy se habla de transformaciones en la historia de México, pero todas implicaron guerra entre los que deberían haber sido hermanos, polarización, muertes por millones, odios encarnizados, y por lo tanto cada una de ellas sólo pudo generar división y sembrar semillas de conflictos posteriores. Si hay que transformar México, es momento de hacerlo de manera diferente, con un cambio colectivo de mentalidad, con una mente serena, con el bien común como premisa indispensable para que el pueblo pueda encontrar la paz.

México ha tenido guerras y revoluciones, golpes de Estado, invasiones, reestructuraciones y reformas, dictaduras, sean personales o de partido, y fastuosas simulaciones de democracia; pero nada de eso ha significado una transformación. México nunca ha vivido en paz por muchas razones, quizá la más importante es que toda su estructura económica, política y social ha estado basada en la explotación, el abuso, el agandalle institucionalizado. Nuestro querido país siempre ha estado diseñado para que muy pocos vivan en una opulencia obscena que se sostiene en la miseria de millones.

Eso fue el virreinato, porque ésa era la intención, pero nada cambió con la guerra de Independencia, la de Reforma o la Revolución. La prueba más contundente de ello es que México sigue siendo un país con una estructura de injusticia y desigualdad, donde muy pocos viven en la exuberancia gracias a la indigencia de millones. Eso nunca se ha transformado.

México nunca ha vivido en paz porque esa estructura socioeconómica, sustentada por la jurídica y la religiosa, sólo puede generar rencor social. Somos, pues, un país lleno de rencor, y ahí donde el rencor anida está latente el deseo de venganza, normalmente disfrazada de justicia, o una idea de justicia que al final termina siendo vengativa.

Nunca hemos vivido en paz porque no tenemos una tradición de diálogo y acercamiento; nuestra mente colectiva, arrastrando cientos de años de condicionamientos absolutistas, sólo concibe la idea de una verdad absoluta, la propia, y condena como enemigo a todo aquel que no comparte esa única verdad, eso lo aplicamos desde lo religioso hasta lo político, en lo ideológico, en las relaciones laborales, familiares y de pareja.

No hemos logrado ser una verdadera amalgama. Siempre hemos sido una contraposición de tradiciones en vez de una fusión. Decenas de pueblos, etnias y lenguas coexisten en un país que nunca ha dejado de ser clasista, de arriba hacia abajo y de abajo hacia arriba, y nunca ha dejado de ser racista, pues ese arriba y ese abajo siempre han estado determinados por el color de la piel.

México nunca ha vivido en paz porque nunca hemos aprendido a respetarnos los unos a los otros, respetar que existen diferentes visiones de lo religioso, lo social, lo económico y lo político. Las diferencias siempre nos han arrojado a los brazos del conflicto y no a los del diálogo, y las hemos solucionado a través de la guerra.

Cuando han existido dos visiones distintas de nación o proyectos diferentes de país, cada facción ha asumido que eso sólo puede ser una lucha del bien contra el mal, sin importar qué etiquetas se impongan los unos a los otros para poder odiarse mejor: monárquico y republicano, centralista y federalista, liberal o conservador, rojos y mochos, patriotas y vendepatrias, nacos y pirrurris, chairos y derechairos. Nuestra identidad ha sido construida con base en el conflicto, por eso México nunca ha vivido en paz. En México la verdad se impone por la fuerza, ha sido así en cada periodo histórico que nos ha ofrecido la posibilidad de transformarnos y superarnos. Toda nuestra mitología nacional es un llamado a la batalla, toda nuestra narrativa histórica tiene que ver con un país polarizado y partido en bandos mutuamente excluyentes. México siempre ha sido intolerante.

Este país ha tenido tan sólo dos periodos de orden en dos siglos de historia, y ninguno tuvo nada que ver con la paz sino con la represión. Uno fue el Porfiriato (1876-1910), que dio orden y progreso pero nunca paz. Eso fue así porque el progreso lo disfrutaban unos y el precio lo pagaban otros, justo como fue el esquema decimonónico de la Revolución industrial en todo el mundo. Fue un periodo de esplendor, pero para muy pocos, pues nunca en el siglo XIX cambió la estructura fundamental de injusticia y desigualdad sobre la que descansa México.

El otro periodo fue la "buena etapa" del Partido de la Revolución (1934-1970), que generó instituciones y desarrollo, pero nunca paz, pues una vez más dicho orden estuvo sustentado en la represión. El orden siempre se ha logrado en México porque un poder más fuerte está listo para aplastarnos, no porque cada uno de nosotros haya aprendido una vía pacífica para la resolución de los conflictos. El orden es mejor que el caos, pero orden no es sinónimo de paz.

Que los únicos lapsos sin guerra interna estén relacionados con la represión política, habla de nuestra violencia intrínseca. El orden a costa de la represión deja que el odio siga germinando. La verdadera paz es cuando la represión es innecesaria. México siempre ha necesitado la represión porque siempre ha sido campo fértil para el abuso y la injusticia, la explotación y la tiranía.

En 1810 comenzó el proceso que desembocó, sin mucho plan ni proyecto previo, en la independencia. No fue la guerra entre un ejército mexicano y uno español; fue el ejército insurgente, formado por criollos, mestizos e indios, contra un ejército realista, integrado por criollos, mestizos e indios. Ningún bando tenía claro por qué causa peleaba, pero no dejó de ser el pueblo contra el pueblo para definir si se aceptaba o no el control por parte de la corona española. Muy pocos países, hay que decirlo, han obtenido su independencia sin violencia.

México nació como imperio de la mano de Agustín de Iturbide en 1821. Hubo entonces monárquicos y republicanos, posturas contrarias, jamás se buscó recurrir al diálogo, y en medio de una serie de guerras y mutuas traiciones, triunfó el bando de la república. Mexicanos tuvieron que matarse contra mexicanos por establecer un régimen que nada cambió para la población en general, que no veía que un rey o un presidente cambiaran su situación precaria de vida. Que el explotador resida en Madrid o en la Ciudad de México poco cambia la vida del explotado.

Los republicanos impusieron su razón sobre los monárquicos. México nació como república, pero un nuevo conflicto nació con ello: centralismo o federalismo. Incapaces de dialogar, nos lanzamos a las armas hasta que la violencia dio la razón a los federalistas, aunque desde entonces hasta hoy nuestra federación siempre ha sido muy centralizada.

Una república federal había nacido, pero las ideologías seguían dividiendo a México: liberales o conservadores. El diálogo entre estas posturas opuestas fue imposible. Por un tiempo los conservadores impusieron su razón a la fuerza, hasta que la guerra dio la razón a los liberales. Los mexicanos siguieron al grito de guerra entre ellos.

Los que estaban a favor o en contra de Santa Anna, los que eran favorables a la Iglesia o los que estaban en su contra; los que buscaban alianzas con los estadounidenses y los que se decantaban por Europa, los que trajeron a Maximiliano y los que repudiaban dicha idea. Esas diferencias siempre significaron guerra entre mexicanos. Dado que la historia la escriben los vencedores, parece que los buenos siempre ganan, aunque en realidad lo que sucede es que los que ganan siempre se convierten en los buenos. La historia que nos cuentan y nos contamos no está constituida por hechos sino por narrativas.

En un México dominado por liberales, los bandos comenzaron a dividirse: los que están con Juárez, los que están con González Ortega, los que optan por Lerdo de Tejada y los que prefieren a Porfirio Díaz. Se impuso la razón con las armas, el asesinato, el golpe de Estado y la traición.

La revolución que, según la leyenda, nos trajo democracia en 1911, se había transformado en una carnicería de todos contra todos para 1914, y con el andar de esa terrible guerra civil fue naciendo el partido que se apoderó de la democracia durante el siglo XX. En dicha revolución estaban los carrancistas, los obregonistas, los villistas y los zapatistas; diversas ideas, distintas posturas e ideologías. Siempre guerra, nunca diálogo.

En octubre de 1914 la razón pareció asomarse por encima del conflicto, y en medio de tanta matazón, las diversas fuerzas armadas buscaron dialogar. Se reunieron en Aguascalientes en octubre de

1914 para buscar elegir un gobernante, que evidentemente fue desconocido por los que no votaron por él, y volvimos a la fuerza bruta por una década más.

Tras una serie de guerras, asesinatos y traiciones surgió, en sus diversas etapas, el Partido de la Revolución, donde se monopolizó el poder, los privilegios y la democracia, se impuso el orden por la fuerza, y por primera vez en nuestra historia se comenzó a escribir, de manera deliberada, una narrativa histórica, una mitología nacional, un discurso que fuera capaz de brindarnos una identidad. Lamentablemente dicha identidad estuvo basada en el conflicto, fuera de indio contra español, o de obrero contra proletario, según dictaban las ideologías europeas de la época.

México pasó de la dictadura personal a la dictadura de partido; con el tiempo, evolucionamos a la dictadura de partidos que hasta la fecha confundimos con democracia. Pero el país sigue siendo una estructura de explotación, de dominio, de abuso, y sigue siendo por lo tanto el perfecto caldo de cultivo para el rencor social.

Ha evolucionado mucho la economía, se genera más riqueza que nunca, y también más desigualdad. México no ha dejado de ser un país sustentado en la explotación, donde muy pocas elites privilegiadas viven en la abundancia gracias al poder económico de la miseria, que es de hecho nuestra ventaja competitiva, donde la clase política es reciclable pero inamovible, y donde todo cambia para seguir igual.

El siglo XXI, con sus redes sociales y comunicación instantánea, con tecnología para interconectar a todos, con cámaras y micrófonos en cada celular, con jueces autoerigidos tras cada perfil virtual, nos deja ver mejor que nunca el estado de rencor en el que seguimos viviendo. Basta manifestar una postura a favor o en contra de alguna idea, proyecto o candidato, para que cada medio electrónico se convierta en un gran vertedero de odio.

Muchas cosas tienen que ser transformadas urgentemente en este país si aspiramos a que sobreviva, pero la transformación inmediata, la urgente, es aprender a dialogar entre nosotros, a dejar de odiarnos y a vivir en paz. Reconciliación nacional es lo que necesitamos, declarar la paz entre nosotros.

La transformación de un país es imposible sin la transformación individual de la mente de cada uno de sus habitantes, pues es ahí donde están los condicionamientos psicológicos y patrones de conducta, la intolerancia, los prejuicios, el gandallismo, los odios y rencores, y ése es el verdadero campo de batalla que nos hace vivir en guerra.

LA HISTORIA COMO MITOLOGÍA

La historia no estudia el pasado, lo construye. Dicha construcción está sustentada en hechos, o en lo que se sabe de los hechos, y ante todo, en documentos. Pero lo cierto es que lo único que podemos saber es lo que está escrito, pero es imposible saber si los hechos narrados ocurrieron o no, o si se desarrollaron de una u otra forma.

No existe la objetividad en la historia, de ser así sólo haría falta un historiador y los debates serían innecesarios. A ciertos regímenes políticos les encantaría que así fuera, ya que la narrativa histórica siempre ha servido para construir y moldear la mentalidad de un pueblo. Pero la realidad es que la historia nacional, toda historia nacional es sólo una narrativa, un discurso, una interpretación, una determinada visión de los hechos que siempre está compuesta por algo de verdad, algo de mito, y una buena dosis de necesidades políticas.

Es imposible estudiar el pasado dado que no podemos estar en él. Es posible estudiar versiones del pasado, y es fundamental recordar que en cada momento histórico, dichas versiones fueron escritas respondiendo a las necesidades políticas e ideológicas de cada época, que en cada época del pasado se han escrito las narrativas convenientes y se han hecho las interpretaciones necesarias, que en cada momento del pasado se han generado mitos históricos acordes a las necesidades de cada régimen y respondiendo al espíritu de su tiempo, y que en cada momento presente, lo único que se puede hacer es nuevas revisiones, versiones e interpretaciones de las revisiones, versiones e interpretaciones desarrolladas en los diversos momentos del pasado.

En resumen, hoy se escribe la historia con base en las ideas de hoy, la visión del mundo de hoy y las necesidades políticas de hoy. Y esa narrativa se basa en lo que se escribió en el pasado, que cuando fue presente, también dependía de las ideas, visiones y necesidades de entonces. La historia siempre ha sido un arma, una herramienta política, un discurso psicológico, y eso es así porque siempre se ha escrito desde el poder, precisamente para legitimarlo.

A esto agreguemos que a lo largo de la historia humana y de cada país han existido distintos regímenes de gobierno: imperios, monarquías, dictaduras, repúblicas, y que cada uno en su momento se ha considerado legítimo y ha escrito las versiones necesarias para dejar clara esa legitimidad. Cada sistema de poder en la historia humana ha necesitado de historias y mitologías que legitimen dicho sistema y a las elites que lo encabezan.

Una constante en la historia humana es pelear por el poder, desde las guerras directas, las conquistas y las revoluciones, hasta la guerra encubierta e institucionalizada a la que llamamos democracia. Cada conflicto por el poder ha requerido de la fuerza, en cualquiera de sus manifestaciones, pero ha requerido también de un discurso con dos vertientes, el que deslegitima el régimen contra el que se pelea, y el que otorga la validez al nuevo.

Los grandes cambios de sistemas de gobierno han estado generalmente fundamentados en la violencia. La instauración de la monarquía absoluta en Europa, por ejemplo, con el discurso del derecho divino como legitimación, costó que todo el siglo XVI estuviese marcado por guerras de religión. La caída de dichas monarquías y el nacimiento de los sistemas republicanos causó una serie de guerras y conflictos que comenzaron en 1789, se acrecentaron a lo largo del siglo XIX y finalmente devinieron en las guerras mundiales.

Desde el siglo xx, la constante política en la civilización occidental es la democracia, pero la aceptación de dicho sistema no ha significado nunca la paz política, ya que la democracia no es otra cosa que institucionalizar y reglamentar las formas en que diversos grupos, con distintas visiones e ideologías, pueden luchar por el poder. Esto es, dentro de la democracia el conflicto continúa, sólo que organizado por el propio sistema.

Aun así, la democracia enfrenta a diversos partidos, a liberales y conservadores, religiosos y laicos, los que están a favor o en contra de las relecciones, los sistemas parlamentarios o presidencialistas, capitalistas, socialistas, nacionalistas, comunistas, globalifílicos y globalifóbicos, intervención del Estado o mano invisible del mercado, centralistas y federalistas. Grupos con diversas formas de entender un país, la política, la economía y el mundo, grupos que dependen del voto y por lo tanto de la división de la ciudadanía… grupos que siempre usan la historia, en teoría formada por hechos objetivos, para justificar sus visiones opuestas.

La historia es una narrativa escrita desde el poder y, desde luego, un discurso con una versión distinta es sostenida por aquellos que aspiran a obtenerlo. El grupo en el poder es una mafia, lo es desde el inicio de la civilización, y esta realidad es particularmente cierta en el caso de la democracia.

El poder es una mafia, y todo aquel que llegue a él y pretenda conservarlo será una nueva mafia que, al igual que la anterior, hará todo lo posible para permanecer y afianzarse. La historia y sus interpretaciones pueden hacer parecer justa cualquier causa, cualquier cambio de sistema, cualquier revolución y cualquier guerra. Ésa es otra constante en la historia de la humanidad.

Si volvemos a México, los federalistas que se oponían a los centralistas en 1824 tenían una visión de la política y una narrativa histórica que la sustentaba; el bando contrario, desde luego, tenía lo mismo. En los primeros treinta años de vida independiente, el conflicto eterno de México, como ya he dicho, fue entre conservadores en el poder y liberales que aspiraban a él. Cada facción se justificaba en la historia, y para ello celebraban determinados acontecimientos y denostaban otros, encumbraban a determinados personajes y mancillaban a otros. Esto nunca ha dejado de ser así.

En México los liberales se hicieron del poder, y toda la visión y versión de la historia que sostuvieron giraba en torno a legitimarlos a ellos, y dado que en general los cambios de régimen requieren de violencia, guerra y asesinato, es menester crear una versión histórica que justifique la matanza y los excesos. Eso siempre se logra resaltando y exagerando la oscuridad del régimen caído y las luces del que ha tomado el poder. Esto es en México y en el mundo.

La guerra comenzó en México en 1810, con el llamado a las armas del cura Hidalgo, no se detuvo con la firma de la Independencia en 1821 y continuó en diversas etapas y con distintos pretextos a lo largo de todo el siglo XIX, hasta la llegada de don Porfirio, que impuso el orden, mas no la paz. La estabilidad generada por un sistema personal que se prolonga más de tres décadas permitió que por vez primera se buscara una narrativa histórica que lograra generar una cultura unificada, una identidad nacional que nos diera cohesión.

Dicho esfuerzo académico e intelectual, encabezado desde el gobierno, se manifestó en la primera magna obra de historia nacional: *México a través de los siglos*, donde evidentemente, toda la narrativa justifica la dictadura porfirista como la culminación pacífica y gloriosa de la penosa y violenta construcción de un país a lo largo del siglo XIX. Como dato interesante cabe resaltar que es la narrativa porfirista de la historia la que encumbra, glorifica e incluso endiosa a Benito Juárez.

Pero el viejo Porfirio cayó junto con todo su sistema en 1911. Por cierto, Francisco Madero, quien encabezó el esfuerzo por derrocar al régimen, escribió un libro que muchos mexicanos citan, pero pocos han leído: *La sucesión presidencial de 1910*. En su obra, hace una revisión histórica del país que llega a la conclusión de que no hay nada más legítimo, más ético y más moral que derrocar a don Porfirio. No podía ser de otra forma.

La caída del viejo dictador y la ausencia de su puño de hierro despertó al tigre, según su propio vaticinio, y México se envolvió en dos décadas de guerra civil de la cual eventualmente surgió un grupo que tomó el poder. Dicho grupo construyó una narrativa histórica que convirtió la guerra civil en revolución y hasta nos obligó a escribirla con mayúscula, la dotó *a posteriori* de una ideología y convirtió el partido emanado de la Revolución en el garante de los grandes valores y principios de esa imaginaria revolución que sólo existe en la narrativa.

El partido quedó finalmente establecido y encumbrado en 1934 con la persona de Lázaro Cárdenas y con la estabilidad política que comenzó a proporcionar el nuevo régimen; nuevamente se comenzó a construir, con académicos, intelectuales y artistas, una nueva narrativa, esa que quedó plasmada en los murales de Diego Rivera, esa que nos convirtió en aztecas conquistados por españoles y convirtió el conflicto social, llamado ahora lucha de clases, en el cimiento del sistema. Una lucha de clases donde el gobierno, garante de los valores, ahora sociales, de la Revolución, se convierte en el paladín de los desposeídos y en el único capaz de mantener la justicia social.

Como en toda la historia humana, el régimen funcionó por un tiempo y dejó cosas buenas, construyó instituciones, muchas de ellas de evidente compromiso social, encauzó el conflicto que no ha dejado de bullir en la sangre mexicana, pero lejos de eliminarlo, lo convirtió en el combustible de la nueva dictadura en la que la cara del dictador cambiaba cada seis años, pero estaba siempre respaldado por el pueblo, y por el partido que en su tricolor emblema dejaba claro que era el único en representar a la patria.

El PRI construyó la narrativa histórica del México moderno, y con ello estructuró la mente colectiva del mexicano. Nos dotó de una mitología —porque eso es cada historia nacional— y fue así como moldeó gran parte del inconsciente popular, por eso el pueblo mexicano tiene esa neurótica relación de codependencia con el PRI, por eso extraña sus viejos modos, y quizá por eso votó por un grupo formado por priistas, con maneras y estrategias priistas, con la visión priista de la política y que, aunque no se llama PRI, ofrece básicamente lo mismo.

Es fundamental comprender el gran valor de una mitología. El pensamiento humano siempre ha sido abstracto y simbólico; construimos símbolos, los dotamos de significados y valores que se aceptan socialmente, y desde entonces toda la comunidad comparte los símbolos y sus significados. Así es como se construye la idea de comunidad; compartiendo símbolos.

Las mitologías son relatos simbólicos. No pensemos en ellas como relatos fantasiosos de las culturas antiguas y que cuentan historias extrañas de luchas entre dioses. Ésas son mitologías, desde luego, los símbolos con los que pueblos del pasado han buscado explicaciones, se han educado y forjado, han establecido valores que se comparten y han construido comunidades. Pero el ser humano nunca ha dejado de construir mitologías.

Así pues, es mitología la historia de los dioses griegos, romanos o nórdicos, también la *Ilíada* y la *Odisea*, la *Divina Comedia*, así como los relatos bíblicos, las historias de ángeles y demonios, de luchas del bien contra el mal. Son mitologías las películas de *Star Wars*, las historias de los Avengers y la Liga de la Justicia, y lo es la historia nacional de cada país. Relatos con símbolos que pretenden inculcar ideas y valores, establecer sueños y aspiraciones comunes, marcar el camino que debe seguir una comunidad, las tentaciones en las que debe evitar caer. La mente humana no puede funcionar sin símbolos y mitologías.

En Italia no dejan de contarse la historia de Rómulo y Remo, que los hace descender de los grandes héroes troyanos, así como los griegos siguen pretendiendo ser esos semidioses del pasado.

Los españoles se cuentan las glorias caballerescas y los franceses su lucha titánica contra el mal, representado en la monarquía, para hacer triunfar al bien, simbolizado en la República. Los ingleses no dejan de vivir del mito de ser la cumbre de la civilización y los estadounidenses se cuentan una serie de mitologías que los convierten en los defensores de la humanidad a través de la maravillosa e infalible democracia.

Una historia nacional tiene personajes y acontecimientos dotados de significado; es una narrativa que le enseña a los ciudadanos de un país quién es el bueno, quién es el malo y quién es el feo, quién el máximo héroe y cuáles sus grandes valores, así como señala al gran tirano y sus terribles defectos que representan lo que todo buen ciudadano debe evitar. Dicha narrativa enseña cuáles acontecimientos fueron gloriosos y cuáles lamentables, cuáles encauzaron al país por la senda correcta y cuáles amenazaron con desviarlo del camino del bien.

La historia es una mitología, una construcción simbólica que nos cuenta lo que somos. Al final no importan los hechos objetivos, imposibles de determinar, sino el valor de los símbolos. El Partido de la Revolución creó una mitología basada en la Conquista, una historia de victimización y derrota que ha generado una mentalidad colectiva esquizofrénica, rencorosa, gandalla y que, como niño inmaduro, se exculpa de todo mal, señalando a los culpables siempre afuera; un mitema común en toda versión nacionalista.

El sistema político del siglo xx que creó esa mitología y se sustentaba en ella comenzó a desmoronarse desde 1968, vivió una terrible fractura entre ese año y 1989, y pareció renovarse con el cambio de siglo y milenio, cuando nos quisieron convencer de que el cambio de partido en el poder es equivalente a democracia. Esa mitología de conquista y derrota, hay que decirlo, fue útil para sostener un régimen político, pero no permite ningún tipo de renovación en un pueblo.

En el año 2018 la misma clase política, nacida y crecida en el seno del tricolor Partido de la Revolución y sus diversos hijos azules y amarillos, se ha tornado color guinda y ha logrado que los mismos parezcan diferentes. En México y en el mundo, nadie tiene mayor capacidad camaleónica que los políticos; a veces eso funciona y a veces no. Eso depende mucho más del pueblo que de los políticos.

Nuestra vieja clase política, reciclada y maquillada, y en algunos casos con bótox, ha transformado el panorama; los partidos tradicionales viven su peor decadencia, comenzando por el PRI, y un nuevo partido que recibió de brazos abiertos a todo aquel que quisiera lavar su pasado se convierte en el nuevo *hegemon* y nuevo símbolo de democracia y justicia social.

México se enfrenta a la posibilidad de renovarse, lo cual dependerá más de su pueblo que de sus líderes. El nuevo grupo en el poder ha generado confianza y esperanza en la mitad del pueblo, lo cual sólo puede ser bueno, pero lamentablemente despierta temor, y hasta pánico, en la otra mitad, lo cual sólo puede ser negativo. La correcta actuación de los dos actores del pacto social, el pueblo y el gobierno, será fundamental para renovar a México.

El nuevo régimen necesita reconstruir, y para ello ha propuesto una mitología diferente basada en el discurso de Las tres transformaciones de México. Es una nueva mitología nacional que probablemente será repetida hasta que haya sido introyectada por el pueblo, justo como ocurrió con la mitología de la Conquista.

La anterior mitología nacional está desgastada y ha quedado inútil; una nueva es necesaria. Dado que el país, efectivamente, necesita transformarse, un discurso basado en transformaciones puede ser muy bueno. México requiere una transformación, y ésta depende de la madurez del pueblo y de su clase política. Las mitologías, como discursos simbólicos que son, requieren de personajes que representen los valores o antivalores de la nueva mitología.

Los personajes históricos, en ese sentido, también son símbolos. Por eso todos los sistemas y regímenes políticos manosean hasta el cansancio a determinados héroes y villanos; en el caso de México esto se hace evidente en personajes como Cortés el conquistador, Malinche la traidora, Santa Anna el vendepatrias, contra el bueno del cura Hidalgo o el patriota de Benito Juárez.

Somos tan violentos y proclives al conflicto, tan dispuestos a la guerra, que podemos enfrascarnos en batallas campales por estar en pro o en contra de Juárez o de don Porfirio, que probablemente sean los dos símbolos que más encienden las pasiones. Discutir si alguien que está muerto fue bueno o malo, héroe o villano, además desde una postura maniquea de blanco y negro, no sólo demuestra nuestra guerra interna, sino que resulta además una terrible pérdida de tiempo, un desgaste absurdo, un debate ridículo entre historiadores, que por más que pretendan defender o encarnar la verdad, sólo defienden y enaltecen sus propios egos.

La obsesión por tener la razón, por imponer dicha razón de la forma que sea, sin considerar siquiera las razones de los otros, es lo que ha convertido a este país (y a este mundo) en un campo de batalla. El debate entre ideologías y posturas políticas, representadas por personajes que siempre son adulterados y adaptados según las necesidades, es la prueba fehaciente de que la narrativa histórica es siempre una mitología, un discurso político y un conjunto de símbolos.

De Benito Juárez, por ejemplo, se dicen cosas maravillosas y también cosas terribles, eso es así ahora y fue así en su tiempo. Pero, o fue totalmente bueno y noble, o fue absolutamente tirano y despreciable, lo cual es un absurdo. Ya no es una persona sino un personaje, es decir, una representación y a veces incluso hasta una caricatura de posturas políticas. Es un símbolo.

Dentro de las narrativas históricas los personajes ya nunca son personas reales sino símbolos, y dichos símbolos significan lo que la narrativa histórica los hace significar, un significado que se impone en el inconsciente colectivo a través del adoctrinamiento histórico al que llamamos educación.

Dicho de otro modo, nadie sabe hoy nada de Benito Juárez, o de Santa Anna, o de Porfirio, o de algún otro. Nadie sabe cómo fue Benito Juárez, los únicos que lo saben están muertos. Lo sabía Melchor Ocampo, lo sabía *el Nigromante*, lo sabía José María Iglesias, Sebastián Lerdo de Tejada, Porfirio Díaz y probablemente doña Margarita. Hoy tenemos versiones, tanto de sus aliados como de sus detractores, de hoy y de otros tiempos, tenemos un discurso de lo que fue y de lo que significa, pero eso nunca será la realidad.

Otro ejemplo: Francisco Madero ha sido instituido como el apóstol de la democracia, el hombre valiente que arriesgó su vida y fortuna en un enfrentamiento contra el gran dictador para restablecer la soberanía popular. Es, por lo tanto, el símbolo de la democracia. Poco importa la realidad, los hechos o sus motivaciones, que nadie puede saber a ciencia cierta. Lo relevante es que Francisco Madero es el símbolo de la democracia dentro de la mitología nacional.

Esto aplica a cada personaje. Cortés, sin importar la realidad histórica de cada detalle de los acontecimientos que hoy llamamos Conquista de México, es el símbolo mitológico de la conquista, del abuso extranjero, del sometimiento. La Malinche es el símbolo de la entrega traicionera, el cura Hidalgo es el símbolo de los ideales libertarios, da igual si los tuvo o no, Santa Anna el símbolo del egoísmo que vende la patria, poco importa que en realidad no haya vendido nada. Cada personaje es un arquetipo de valores y antivalores para educar a un pueblo.

Volviendo a Benito Juárez, nada importa de su realidad, importa que es el símbolo del interés nacional, de la modernización del país, de la defensa ante el invasor, de la resistencia. Zapata y Villa son el símbolo de la lucha del pueblo contra la injusticia, Lázaro Cárdenas el del nacionalismo defensor ante el abuso extranjero.

La realidad no importa, de hecho, la realidad es incognoscible, la llamada realidad histórica es una construcción académicamente aceptada y siempre depende de una narrativa que a su vez siempre depende de los intereses del grupo en el poder.

Ahora la nueva narrativa es la de las tres transformaciones, la idea de que la Independencia, la Reforma y la Revolución, han sido momentos transformadores en la historia nacional, y de que determinados personajes han sido el eje de nuestra evolución como país.

Veremos más que nunca a Juárez, a Madero y a Cárdenas, cada uno de ellos asociado a un simbolismo. Juárez será el gran modernizador, Madero el gran demócrata y Cárdenas el defensor del interés nacional. No importa la realidad, importa que dichos símbolos sean útiles o no, que ayuden o no a la transformación del país, que inculquen en el pueblo los valores necesarios para llevar a cabo esa transformación, y que inspiren a que esa nueva etapa de construcción nacional se lleve a cabo de forma pacífica, y no como ha sido la constante de nuestra historia: a través de la guerra.

Lo más importante, dado que la constante de la historia de México es la intolerancia y la violencia, es que estar o no de acuerdo con las ideas deje de ser motivo de enfrentamiento. En este caso en particular, que la exposición, el análisis, la explicación y la interpretación personal de un pensador no sean un motivo más para la guerra y el conflicto por parte de los que no estén de acuerdo, sino un pretexto para dialogar, acercar posturas y aprender a vivir en paz.

No hay aquí nada a favor o en contra. No hay una postura política o una ideología, no hay izquierda o derecha. No hay partido alguno. No hay nada. Hay una visión, la esperanza de que el momento y las circunstancias que vive México permitan un renacer, uno que sólo puede ser generado por todos en comunidad, por un pueblo que logre superar su ancestral conflicto. Hay una búsqueda de paz.

EL PACTO SOCIAL
EN UN PAÍS ENEMIGO DE SÍ MISMO

Siempre hemos estado divididos, pues jamás ha existido un proyecto incluyente de nación, además de que arrastramos las estructuras establecidas desde el virreinato, basadas precisamente en separarnos, en ese caso basados en la raza y la casta, el criollo y el mestizo, el indio y el español. Tras la independencia jamás se buscó integrar al gran mosaico étnico y cultural en un solo pueblo, y nunca hemos dejado de ser racistas en una nación multicolor. La división clasista fue uno de los sellos del Porfiriato, y el gran proyecto político de Lázaro Cárdenas para tener y mantener el control, se basó precisamente en dividir al pueblo, en este caso en sectores y corporaciones.

Nuestro país siempre ha sido una estructura de explotación y dominio que ha hecho que las distancias socioeconómicas sean cada vez más insultantes, jamás hemos acercado a las clases sociales, que en términos generales siguen estando muy determinadas por el color y, por medieval que resulte, por el nacimiento. Nunca hemos dejado de ser gandallas, de abusar del otro, de ser voraces desmedidamente, y por añadidura, nunca hemos hecho nada para sanar el rencor social.

Toda nuestra estructura económica, política, social, jurídica y religiosa está construida a partir de dicha realidad, y por lo tanto está diseñada para mantenerla así; esto es, desde luego, porque dichas estructuras no dejan de estar construidas y sostenidas por seres humanos que, al nacer, crecer y aprender en este país, finalmente absorben esos patrones de conducta, esos condicionamientos destructivos y violentos que para nosotros son normales, y simplemente los perpetúan.

Desde luego, un país basado en la desigualdad, que nunca ha dejado de generar y regenerar el rencor, y que para colmo ha sido educado con base en el trauma de la Conquista, es un país lleno de individuos vengativos, que no están tanto en contra de la idea de la explotación y la humillación, sino de ser ellos los humillados y explotados, pero si llegan a cualquier posición de poder, la que sea, en la política o cualquier ámbito, les parecerá que no hay nada más normal que obtener revancha —confundida con justicia— y llevar a cabo el comportamiento antes criticado.

Ése es uno de nuestros círculos viciosos. Pasó cuando los federalistas, insurgentes de la primera generación, lograron sacar del poder a los iturbidistas; ocurrió cuando los liberales tomaron el poder en la reforma juarista, sucedió en cada etapa de la revolución, y es la historia del partido emanado de ésta, así como de todos sus hijos. Siempre hay una terrible crítica hacia los modos y procederes de los poderosos, que son imitados y superados en sus vicios cuando un nuevo grupo accede al poder.

En nuestro país se ha convertido en lugar común la frase de que está desgastado el tejido social. Es la forma académica y diplomática de decir que la violencia nos ha rebasado y que nos hemos vuelto incapaces de convivir y de llevar a cabo esfuerzos comunes sin matarnos unos a otros.

Digámoslo como es: en México no existe, y nunca ha existido de modo alguno, un pacto social; esto es, un acuerdo de todos con todos para poder vivir, coexistir y desarrollarnos. Un pacto, desde luego, debe de ser equitativo, dejar algo para las dos partes, y dado que nuestro país está sustentado en la desigualdad, la existencia del pacto social es sencillamente imposible. No es que el pacto social se haya roto. La terrible realidad de nuestro país es que dicho pacto jamás ha existido, pues nuestra estructura social nunca ha estado pensada en obtener beneficios para todos, sino para unos cuantos. Nunca hemos dejado de ser el país del privilegio, el compadre, el conecte, al amigo, la palanca. En cada etapa de nuestra historia ha sido siempre la represión, y nunca el entendimiento, lo que ha mantenido el orden. Si el pacto social se mantiene a través de la represión, no hay pacto en lo absoluto.

El pacto social implica esfuerzo comunitario, para lo cual es indispensable que exista la idea de comunidad, un esfuerzo que se lleva a cabo si el pacto vale la pena, si es justo y distributivo; si al final, más allá de ricos y pobres, de explotadores y explotados, hay beneficios para todos y las bases fundamentales para vivir con dignidad.

Vivir en sociedad es difícil pues implica reprimir la propia libertad y frenarla ahí donde comienza la libertad del otro, pero la razón humana ha comprendido la imposibilidad de vivir sin civilización y comunidad, y es por eso que los humanos hemos buscado diversos sistemas legales y éticos, códigos de conducta y respeto, que nos permitan hacerlo. Eso es el pacto social: los acuerdos de una comunidad para poder vivir en paz.

Para el siglo XVI, el panorama político de Europa estaba basado en la teoría del Derecho Divino; esto es, la idea de que Dios, soberano de todo en el mundo, es quien depositaba la soberanía en los reyes, que eran por añadidura incuestionables, y la obediencia de los súbditos era por lo tanto un asunto al mismo tiempo político y religioso. Es decir, la religión y lo divino eran el discurso legitimador en el poder, toda injusticia y desigualdad se explicaba y justificaban con discursos religiosos.

Es importante señalar que desde el inicio mismo de la civilización existió el fenómeno del poder; de hecho, poder, represión, estratificación social y civilización van de la mano. Y también desde el principio, política y religión fueron una misma cosa y el poder siempre estuvo sustentado en discursos religiosos. Esto fue así en Europa y en todo el mundo.

Hay nobles y plebeyos, propietarios y desposeídos, señores y siervos, porque así lo ha establecido Dios para que la sociedad funcione. Resignarse a la situación social de nacimiento era un valor espiritual, independientemente de que no había posibilidad alguna de cambiar dicha situación. La idea de una sociedad de clases donde se compite y se puede subir de nivel según se tenga la capacidad de producir y consumir es del siglo XVII en adelante, precisamente de la era en que los mercaderes, los más interesados en que todos compitan, produzcan y consuman, fueron lentamente tomando el poder.

La Europa del siglo XVII al XIX, en la que se vive la era de la exploración, la ciencia y los descubrimientos, esa Europa de la Ilustración y la Revolución industrial, fue el lugar y época de la historia donde los comerciantes y mercaderes, que fueron lentamente evolucionando en banqueros, financieros y capitalistas, se hicieron más ricos, y con el paso del tiempo más poderosos que los propios monarcas.

Es en esa Europa en la que se desmoronan los cimientos del derecho divino, donde fueron surgiendo filósofos políticos que construyeron las teorías que sustentaban el nuevo régimen, es decir, el discurso legitimador del nuevo sistema político, el Estado, donde los burgueses fueron poco a poco derribando las coronas, o poniéndolas a su servicio.

Ése es el origen de las teorías del pacto social, una serie de ideas y argumentos que explican y justifican de manera racional y lógica el hecho de que una gran masa, trabajadora y productora de riqueza, sea sometida por una pequeña elite aristocrática, no trabajadora pero administradora y propietaria de la riqueza producida, y que esto no sea considerado ni desmedido, ni injusto, ni dictatorial, sino fundamento de una sociedad libre.

La esencia de la teoría es la siguiente: para vivir en sociedad de manera pacífica, los seres humanos acuerdan un contrato social que les otorga ciertos derechos y certezas, ante todo seguridad, a cambio de renunciar a sus libertades y derechos naturales, a la soberanía sobre sí mismos, e incluso a un porcentaje de su riqueza (impuestos). El pacto social es sólo un discurso legitimador y es tan ficticio como el Derecho Divino de los reyes, pero como todo discurso, funciona mientras lo crea una buena mayoría y se pueda ejercer algún tipo de represión, justificada moralmente en las teorías del pacto social, sobre las pequeñas minorías que no lo crean o no lo respeten.

Es importante aquí hacer hincapié en una realidad humana: desde el origen de la civilización hasta nuestros días ha sido necesario que exista el orden, por eso las primeras mitologías giraban en torno a dar todo tipo de explicaciones, cósmicas y divinas, de la batalla del orden contra el caos y la importancia de la victoria del primero, representado siempre por los gobernantes y su sistema. Toda sociedad ha tenido siempre rituales que recuerdan la victoria sobre el caos.

Otra realidad desde el origen de la civilización es que todo orden social ha sido siempre un orden ficticio, esto es, una construcción humana. Nada en la vida humana y social es natural, todo es una creación nuestra; eso quiere decir orden ficticio, que está basado en ideologías, conceptos, constructos, estructuras y teorías que son, todos ellos, resultado de la creación humana, aunque casi siempre se ha pretendido que son hechos naturales, y durante milenios se ha endilgado dicho orden a Dios o los dioses. Es decir, parte fundamental del orden ficticio es hacer creer a la comunidad que las estructuras del orden no son ficticias sino naturales.

Que el faraón es un dios, que los reyes lo son por derecho divino, que Dios determina la posición social o que la sociedad elige al presidente a través de un pacto social, para hacer valer la soberanía popular, es todo un constructo humano, un orden ficticio que es fundamental para que la sociedad exista y subsista.

Eso no quiere decir que no deba seguirse dicho orden, ni que no haya evolucionado con el tiempo. Antes, la desigualdad y la injusticia se entendían como parte de la normalidad y hasta se justificaban; hoy se intenta terminar con ellas. Es decir que, aunque todo orden sea ficticio en su origen, la evolución social se nota en que dicho orden sea cada vez más incluyente, que más allá de diferencias económicas, que siempre existirán, el pacto social sea justo para todos.

Los tres pensadores más significativos sobre este tipo de teorías son Thomas Hobbes y John Locke, ingleses del siglo XVII, y Jean Jacques Rousseau, francés del XVIII. Con muchas diferencias en sus teorías, coinciden en la esencia: el principal bien que el individuo adquiere dentro de este pacto es la seguridad; renunciamos a nuestro derecho natural de hacer todo aquello que podamos por la fuerza, únicamente porque los demás renuncian a ese mismo derecho que es depositado en el Estado. Así garantizamos la existencia de la sociedad; renunciamos a la libertad individual y muchas otras cosas, pero obtenemos algo a cambio. Ésa es la esencia de un pacto: dar y recibir.

Hobbes parte de la base de que el ser humano es egoísta por naturaleza; además es temeroso, por lo que vive ambicionando todos los recursos, en un mundo donde los recursos son escasos; de este modo, si no existiera un poder soberano, los individuos vivirían en un estado de guerra perpetua. Por eso debe existir un Estado poderoso, que tenga el monopolio de la ley de la violencia y que reprima al individuo en aras del bien de la comunidad.

Hobbes no cree en la libertad humana y no la considera necesaria. El hombre, como individuo, tiene poco valor comparado con la comunidad, que sólo puede desarrollarse dentro del Estado. El individuo vale como engranaje del Estado, ya que sin él el individuo tampoco sobreviviría; así pues, toda falta de libertad individual dentro del Estado debe ser considerada como búsqueda de un bien mayor. No sólo es válido, sino correcto, coartar las libertades individuales en aras de la colectividad.

El pacto social en Hobbes es básicamente represor, pues corresponde a la época en que, en su natal Inglaterra, el poder absoluto de la corona se tambaleaba ante el aumento de poder de la burguesía. Fue una época turbulenta en la que los discursos legitimadores se cuestionaban y en que Europa había vivido un siglo de guerras de religión. Su pacto social es muy tiránico y él lo sabe, pero remata sus teorías señalando que, por muy represivo que sea, el poder soberano es menos dañino que la ausencia de tal poder.

Para Thomas Hobbes el pacto social se da únicamente entre los súbditos, es decir, entre los gobernados. Son los individuos de un pueblo los que aceptan renunciar al uso individual de la fuerza y deciden dejarse gobernar por el bien de todos. Pero para el filósofo inglés el pacto social no incluye al soberano, que es, en esencia, incuestionable. Con el tiempo este tipo de teorías evolucionarán hasta incluir al soberano dentro del pacto y convertirlo, de hecho, en el primero que debe cumplirlo. Eso, desde luego, es una de las principales fallas del pacto social en México.

Mientras para Aristóteles, casi dos milenios atrás, el hombre es un animal político y sociable por naturaleza, Hobbes plantea a un hombre que vive en sociedad por necesidad pero que es violento y que, si se le dejara a sus instintos, quebrantaría esa sociedad. La naturaleza humana consta de dos elementos determinantes: la razón y las pasiones; el pueblo suele sucumbir siempre a las segundas, mientras que el poder soberano debe estar siempre guiado por la primera. La triste realidad de la democracia moderna, según comenta Al Gore, es que ha perdido su esencia racional y está dominada por las pasiones.

Así pues, para Thomas Hobbes, pionero de las teorías contractualistas, "el origen de la vida social fue un pacto concertado entre los hombres para protegerse de las posibles agresiones mutuas. El instinto de conservación hizo que los hombres pactaran entre sí para evitar la destrucción inevitable que los amenazaba.

Acordaron renunciar a sus libertades y derechos e instituyeron un poder supremo, de facultades omnímodas, que mantuviese el orden. Así apareció el Estado".

Por supuesto que los individuos no se reunieron jamás en la historia ni en ningún país para firmar este acuerdo. El pacto social lo firmas con el simple hecho de nacer, no es opcional, y es sólo una teoría del poder, un orden ficticio, lo único relevante es que el pacto les haga justicia a todos los actores sociales.

Es particularmente interesante resaltar que, desde aquellos lejanos tiempos, Hobbes señalaba que la educación es un instrumento del poder y que por lo tanto debe estar controlada por el Estado; eso es algo que comprendió muy bien el Partido de la Revolución, desde sus orígenes con Plutarco Elías Calles hasta su consolidación con Lázaro Cárdenas. Hubo un momento en que el partido-gobierno controlaba el contenido educativo, los libros de texto, gratuitos pero obligatorios, y el adoctrinamiento de los maestros. Fue así como se impuso una identidad y una mitología basada en la Conquista.

Hobbes sabía que los seres humanos son altamente manejables a través de símbolos y mitologías, que por eso debía construirse una mitología no religiosa que justificara al Estado, y que el poder soberano debía controlar la educación para tener control sobre las ideas. Esto, que leído hoy se escucha dictatorial, es lo que hacen todos los gobiernos, según sus propias capacidades, al establecer narrativas históricas y mitologías nacionales, sea a través de la religión, de la educación o de la cultura mediática.

Hobbes publicó todas estas ideas en su obra magna, *Leviatán*, en 1651, cuando John Locke tenía apenas 19 años de edad pero se perfilaba ya como una de las mentes más brillantes que daría Inglaterra. Para 1658, John Locke tenía títulos de licenciatura y maestría en filosofía, y para 1674 se le otorgó el título en medicina; fue uno de esos hombres dispuestos a abarcar todas las ramas del conocimiento humano.

John Locke se convirtió en otro de los grandes teóricos del pacto o contrato social, pero en su caso, lejos de defender la monarquía absoluta, como hizo Hobbes, fue uno de sus grandes detractores. El poder, según él, sin importar el sistema político en que se ejerciese, debía estar legitimado en el consentimiento de los individuos.

Con él se comienza a plantear que el pacto social no es sólo entre los gobernados, sino que hay también un pacto entre el pueblo y el gobierno, donde este último tiene obligaciones que cumplir, principalmente otorgar certezas, salvaguardar la paz y garantizar los derechos individuales: la libertad, la felicidad y la propiedad privada.

Hay que decir que Locke, como todos, es hijo de su tiempo y sus circunstancias. Vive en una Inglaterra que comienza a vivir la bonanza económica del capitalismo liberal basado en la propiedad privada, y por eso no sólo la justifica, sino que la establece como un derecho natural e inalienable que el gobierno debe defender.

Dos siglos después, será Marx quien cuestione la propiedad como derecho inalienable, al señalar que el sistema liberal genera todos sus beneficios para una minoría y causa injusticias en la mayoría de la sociedad, expone que la libertad del sistema liberal se garantiza sólo para una clase minoritaria y descansa sobre el despojo de las masas, ya que la función real de los gobiernos es proteger los intereses de las clases económicamente dominantes. Eso sucede sin importar quién esté en el poder, pues el poder siempre depende del apoyo de la clase económicamente dominante.

Según John Locke, el estado de naturaleza, es decir, como viviríamos si no hubiese gobierno, es inestable y peligroso; por eso se crea el Estado, para garantizar los derechos naturales de los individuos, que son inalienables y que no son creados por el Estado, sino simplemente reconocidos y garantizados por éste. El derecho de los individuos, por lo tanto, es el límite del gobierno, y ésta es la esencia del contrato o pacto social.

Locke murió en Inglaterra en 1704, ocho años antes de que naciera en Ginebra, Suiza, Jean Jacques Rousseau, quien desde muy joven se instaló en Francia; fue uno de los pensadores fundamentales de la Ilustración y sus teorías políticas, vertidas en su libro *El contrato social*, fueron de fundamental importancia en la Revolución francesa y la abolición de la monarquía.

Rousseau fue uno de tantos pensadores que escribía de una manera y vivía de otra, por lo que tiende a ser altamente controversial, así que nos concentraremos en su obra y no en su vida. Escribió libros sobre música, botánica, filosofía, política, pedagogía, pero por encima de todos ellos, su tratado de política y sociedad y los principios del derecho político, conocido simplemente como *El contrato social*.

Al igual que Hobbes y Locke, define la sociedad y su funcionamiento como un pacto, un contrato social, aunque no termina de dejar clara su postura al respecto, quizá, entre otras cosas, porque la obra quedó inconclusa. Es tan ambigua que algunos sostienen que defiende el sistema liberal, mientras otros argumentan que sentó las bases del socialismo y hasta del comunismo.

Esta contradicción aparente se resuelve de manera simple; el liberalismo, en su versión más utópica, aboga por la libertad del individuo: libertad de pensamiento, libertad de buscar su propia felicidad y libertad económica, es decir, de enriquecerse sin intromisión del Estado. El comunismo, en su versión más utópica, es definido por Marx como la comunidad de hombres libres, libres de pensar lo que quieran, pues no hay una doctrina impuesta por religión o Estado, libres de ser felices, sencillo si no hay opresión, y con libertad económica, entendida por Marx como la libertad de enriquecerte con tu propio trabajo en lugar de enriquecer a otros.

En este sentido, Rousseau bien podría ser considerado la base de ambas corrientes de pensamiento en sus versiones más utópicas, esas que nunca han existido en la realidad. Una estructura social que no limite de ninguna forma la libertad del individuo, condición fundamental para ser feliz y de hecho para poder considerarse humano, es la idea del contrato social de Rousseau. Hablamos, pues, de otra utopía, una en donde no es necesario ningún tipo de poder que limite, dado que el individuo, racional y consciente de los demás y de sus derechos, sabe establecer sus propios límites.

"El hombre nace libre y, sin embargo, donde quiera que va está encadenado. ¿Por qué este cambio?" Esta idea es la base de Rousseau para su análisis de la estructura social y política. Mientras Hobbes y Locke hablan de una renuncia consensuada a los propios derechos, como base de un pacto social, Rousseau no admite ninguna restricción a los derechos individuales, pues "el hombre que no goza de una libertad completa, no es hombre".

Rousseau parte de lo que considera la realidad elemental: que todo ser humano al nacer es absolutamente libre y que todos los individuos son iguales por naturaleza (Rousseau usa la palabra *hombres*, no *humanos*, porque literalmente no concede ninguna libertad, derecho, facultad o virtud a las mujeres; yo uso deliberadamente la palabra humanos para corregir esa visión corta y misógina de la realidad). Sin embargo, el ser humano nace en sociedad, comenzando por la pequeña sociedad que es la familia, y desde entonces comienzan a ser coartadas todas sus libertades.

El Estado llena de limitaciones al individuo, lo induce a ser, actuar y pensar de determinada forma, y eso comienza a aprenderse en la estructura familiar, donde también se aprende y se normaliza que hay jerarquías, que el hombre es superior a la mujer, que hay una cadena de obediencia, que hay ideas correctas e incorrectas, pero sobre todo, se aprende que la estructura limitante y opresiva de la religión y el Estado son naturales.

Dado que el estado natural del ser humano es la libertad, ésta es su máximo valor y nunca debe ser coartada; pero dicho estado de naturaleza, como bien señalaron antes Hobbes y Locke, se convierte en una voraz rapiña, una guerra de todos contra todos donde evidentemente ganan los más fuertes; de ahí que la fuerza bruta y la violencia, según Rousseau, nunca deben ser fuente de ley o de derecho. Por encima de todo, entonces, el Estado no debe ser represivo.

Sólo hay una manera de que el Estado no sea represivo y es aparentemente utópica: que todos estén de acuerdo con las situaciones y con las leyes. El pensamiento democrático en Rousseau no es el poder de la mayoría, sólo se puede hablar de voluntad o soberanía popular si se cuenta con el respaldo de absolutamente todos. Lo anterior sólo se puede lograr si la sociedad no está sustentada en el abuso legal de unos sobre otros, aun cuando sea la mayoría contra la minoría.

Es decir, el pacto social de Rousseau no es la autorrepresión o renuncia a derechos, sino el ejercicio totalmente racional de los mismos, entendiendo por racional que no debe haber cabida para la menor injusticia, la menor inequidad, ningún privilegio de grupo o clase social. Una sociedad así sólo se puede lograr si en verdad todos buscan el bien común, entendido, una vez más, no como el de la mayoría, sino el de todos, lo cual sólo se logra con una racionalidad absoluta, con un gobierno total sobre las bajas pasiones y con un gobernante que, a causa de su virtud, invite al pueblo entero a la virtud.

Otra parte fundamental del contrato social de Rousseau es que el objetivo de todo pueblo es lograr abundancia para todos, lo cual sólo puede conducir a la paz social. El estado de conflicto en la sociedad sólo se da si existe la inequidad, si la riqueza se genera pero se acapara, y por lo tanto sólo algunos disfrutan la abundancia. La forma de lograr la paz es mantener la igualdad, y dado que las fuerzas humanas, como el egoísmo, tienden a destruirla, el Estado y sus leyes deben tender siempre a mantener dicha igualdad y con ello el equilibrio.

Probablemente sea imposible llevar a la práctica de manera absoluta el pacto social de Rousseau; no hay un solo país donde no haya personas con más riqueza que otras, pero algunos países sí han logrado que, más allá de esa situación, todos vivan bien, dignamente, con certezas y seguridad, y con la más justa e indispensable de las igualdades: la de oportunidades.

Cuarenta años después de la muerte de Rousseau nació en Prusia, hoy Alemania, el pensador económico y político que destruyó toda teoría de pacto social: Karl Marx. Si algo deja claro en su filosofía, es que desde el inicio de la civilización siempre ha habido explotadores y explotados; y claro, con esa situación como realidad, un verdadero pacto o contrato es imposible, pues no es ni pretende ser equitativo.

El pacto social, según Marx, al igual que la democracia, la república y el nacionalismo, son construcciones ideológicas para dominar a la población, para convencerlas de que el sistema de explotación es, por alguna extraña razón, justo, y de hecho, necesario. Todo Estado capitalista, nos dice Marx, ofrece las mismas condiciones: el proletario se ve obligado a vender su trabajo a cambio de un salario de subsistencia, la estructura del sistema impide que exista igualdad de oportunidades y el ser humano promedio, el trabajador, es un medio, una cosa, un recurso más en la producción.

Marx habla de que existe el Estado, las leyes y el cuento del pacto social precisamente porque la sociedad se basa en la explotación y el abuso, y como solución a este problema propone que no exista propiedad privada sobre los medios de producción, esto es, sobre todo aquello que sirva para producir riqueza; así nadie vivirá del trabajo ajeno, todos verán la recompensa total de sus esfuerzos y entonces el Estado, opresor en su esencia, será innecesario y deberá ser abolido.

La marxista es una utopía hermosa, pero al igual que la utopía liberal, nunca ha existido. Al final, con base en las ideas de Marx se establecieron grandes dictaduras donde la propiedad privada no se abolió, sino que fue acaparada en su totalidad por el Estado, quien se convirtió por añadidura en el nuevo explotador y mantuvo su carácter opresor, dado que la injusticia y la inequidad sólo cambiaron de rostro y de forma.

En resumen, es imposible la utopía de una sociedad donde todos tengan de todo, no exista el gobierno y las leyes sean innecesarias a causa de la absoluta equidad que sólo podría generar paz social. Pero es posible construir un verdadero pacto, es decir, uno basado en la idea de justicia, de dignidad, de posibilidades abiertas para todos; uno que surja de la genuina y racional convicción de que la correcta distribución de la riqueza socialmente producida es fundamento de la paz. Un pacto real, uno donde todos reciban.

En México nunca ha habido paz porque nunca ha existido el pacto social, y eso es así porque este país nunca ha sido pensado y construido, en ninguna de sus etapas, sobre la idea de la igualdad de oportunidades y de la dignidad de todos sus habitantes. Desde el virreinato hasta hoy, pasando por independencia, reforma, revolución y priismo, los pilares de México han sido la desigualdad, la intolerancia, la injusticia; el abuso de unos sobre otros.

Si una nueva clase política (aunque esté formada por los mismos viejos políticos de siempre) toma el poder y en lugar de cambiar por completo la estructura sólo la ponen a su servicio, si en lugar de terminar los privilegios sólo cambian los privilegiados, si el rencor confundido con justicia es la motivación de los nuevos poderosos, si la ira tradicional de este país sigue anidando en los nuevos dirigentes y en el pueblo, si el individualismo y el egoísmo, nuestra histórica gandallez, sigue fluyendo por las venas de la nación, seguiremos en guerra, seguiremos sin pacto social y, desde luego, nunca veremos una transformación, aunque éste sea el mito del nuevo régimen.

Pero así como Fox no cambió a México porque ninguno de los mexicanos que votó por él estaba dispuesto a cambiar en lo individual, nadie podrá transformar a México si los mexicanos no están dispuestos a transformarse a sí mismos. El gobierno debe hacer su parte en restablecer el pacto social, la parte vertical del pacto, la que va de arriba hacia abajo, pero nosotros, el pueblo, podemos restablecer la nuestra, la horizontal, esa en la que nos declaramos la paz entre nosotros. Ahí comienza la paz social.

FORMACIÓN Y TRANSFORMACIÓN
DE UN PAÍS

Ningún país es eterno, no ha existido desde siempre ni existirá por el resto de los tiempos. Esta idea es una blasfemia para el nacionalismo, la religión laica que nació para sustituir la legitimidad religiosa y que venera al Estado en lugar de a un dios. Pero el hecho es que hubo un momento en que ningún país existía como hoy lo conocemos, lo cual significa que todo país es derivado de una serie de procesos. Comprender esa serie de procesos es lo que lleva a entender al pueblo que habita, forma y transforma a cada país.

Es decir, no sólo ningún país es eterno, sino que ninguno es inmutable, ninguno fue en el pasado como es hoy. Todos se transforman, unos a mayor velocidad que otros, algunos muy lentamente y otros a paso revolucionado, unos lo hacen a conciencia y otros son como una veleta llevada por el viento. Algunos países se hacen a sí mismos, lo cual depende de proyectos y de unión; y otros, triste caso del nuestro, son producto de las circunstancias, del azar, de la casualidad y de las decisiones de otros países. Todo ello resultado de nuestra división.

Conocer la serie de procesos que ha llevado a un país a ser lo que es, es la única forma de cambiar el rumbo si es que se busca una transformación para conducirlo en el futuro a algo diferente. Aplica lo mismo para las naciones que para los individuos. Cada persona es lo que es, derivado de su pasado, de lo que ha hecho y pensado, las ideas, valores, prejuicios y traumas a los que se ha aferrado y, ante todo, los condicionamientos psicológicos y patrones de conducta que ha desarrollado.

Si no te gusta cómo eres hoy, si no te resulta funcional, si no te hace feliz, si estás lleno de amargura, de rabia, de rencor y no ves con esperanza el futuro, es derivado de cada aspecto de lo que te dices a ti mismo que es tu pasado. Conocer tu propia historia, tu propia mitología y la narrativa de ti mismo es lo único que te puede llevar a una transformación personal.

Si aspiras a que tu futuro sea diferente, mejor y más brillante que tu presente, es fundamental conocer al pasado que es origen de ese presente; descubrir las ideas, prejuicios, traumas, patrones y condicionamientos que te han llevado a lo que eres… y cambiarlos. De lo contrario, estarás destinado a seguir por el mismo rumbo y tu futuro no será muy diferente a tu pasado o tu presente.

Si eres feliz, pleno, exitoso, alegre, significa que la historia que te cuentas de ti mismo, tu mitología, tu narrativa, es evidentemente funcional. Si no lo eres, es obvio que debes cambiar tu propia mitología. Con un país ocurre exactamente lo mismo: si las cosas marchan bien es porque su mitología, que forma la mente colectiva del pueblo, es adecuada y funcional. Si las cosas están mal y no se ve cómo mejorarlas, es que la narrativa y la mitología que forman el alma colectiva no son funcionales.

A eso se enfrenta México a principios del siglo XXI, a una desastrosa realidad que sólo puede evidenciar que hemos hecho mal las cosas en el pasado, que nuestros valores no son tan buenos, que nuestros prejuicios son obstaculizadores y que nuestros patrones y condicionamientos son destructivos. Nuestra mitología, la historia que nos contamos de nosotros mismos, no nos ha sido útil.

Pero qué es un país, qué es un pueblo, cómo se construyen y cómo es posible transformarlos. Ésas son las preguntas fundamentales que hay que saber responder, pues en México seguimos viviendo la definición de locura de Albert Einstein: hacer las cosas exactamente igual en espera de que eso, en algún momento y como por arte de magia, genere resultados diferentes, lo cual es evidentemente imposible.

Podemos entender "país" como el territorio, en esencia eso es lo que es: el territorio que es el país, el hogar, de un determinado pueblo. El país, igual que la nación o la patria, no son más que conceptos abstractos, no realidades tangibles; con el pueblo pasa lo mismo, es tan sólo una construcción en la mente de los individuos. Es decir que un país y un pueblo existen, ante todo, en la mente de los individuos.

Esos individuos tienen inculcadas en su mente las ideas acerca de país y de pueblo, y ésas están relacionadas precisamente con la mitología, con la narrativa histórica, con lo que piensan que es su pasado y la identidad que se genera mezclando el pasado con los mitos y con la cultura. Esa construcción se hereda de generación en generación; se enfrenta a la transformación, por un lado, y a la resistencia a la transformación por el otro, y siempre está influida y encauzada desde el poder.

En resumen: la única forma de transformar un país es transformando la mente de sus individuos; cambiar ahí, en la mente, que es el único lugar en el que en realidad existen, las ideas de identidad, de pueblo, de patria, de país; educando y generando ahí en la mente nuevos patrones de conducta y condicionamientos psicológicos. Por eso no es fácil transformar un pueblo, pero desde el inicio de la civilización hasta hoy eso siempre se ha hecho a través de mitologías y narrativas. Por eso la historia es mucho más que el estudio de acontecimientos del pasado, es una herramienta psicológica, política y social.

Es imposible transformar un país, pues eso es sólo con concepto abstracto, una construcción en la mente de los individuos; por lo tanto, lo que hay que trasformar es la mente de los individuos. Es imposible transformar un país sin transformar su mentalidad colectiva, la idea que un pueblo tiene de sí mismo, que siempre está relacionada con la historia que un pueblo asume como propia. Si un pueblo es el que forma y transforma un país, es de vital importancia comprender cuál es ese pueblo y cuál es su origen.

Muchos países tienen una fecha de independencia, un dato bastante sólido y con fecha clara, que suele ser tomado como el inicio de su historia. Pero para que algo se independice tiene que existir previamente, y es ahí donde los orígenes se pueden perder en momentos más recónditos de la historia hasta llegar al terreno de los mitos, que explican el origen perdido del pueblo que habita el país.

¿Cuánto tiempo tiene México de existir? Si hablamos del país como hoy lo conocemos, México tiene hasta acta de nacimiento: el Acta de Independencia del imperio mexicano fue firmada el 28 de septiembre de 1821, un día después de que Juan de O'Donojú entregara el poder a Agustín de Iturbide, y para ser condescendientes con la historia oficial, diremos que este nacimiento se dio tras un periodo de gestación de once años que comenzó el 16 se septiembre de 1810. Éste es el dato palpable.

Pero si México se independizó, lo evidente es que previamente debía existir un pueblo mexicano que luchó por esa independencia, y sería importante encontrar o entender los orígenes de dicho pueblo. Aquí nuestra narrativa histórica tradicional se va hasta los pueblos que habitaron el territorio antes de que fuera México, desde los olmecas hasta los aztecas, y con base en estos últimos como pilar de nuestra identidad, terminamos por llegar a la leyenda del águila y la serpiente.

Dado el simplismo de la narrativa histórica que nos hace descendientes de aztecas conquistados, podríamos decir que el mito fundacional, el origen del pueblo mexicano, es el momento en que los mexicas llegaron al lago de Texcoco y se establecieron tras ver un águila que devoraba una serpiente, aunque eso, desde luego, nunca ocurrió. El 27 y 28 de septiembre, fecha tangible de la independencia; el águila y la serpiente: el mito y dato impalpable.

Viajemos a otros países para entender mejor la cuestión. Italia es un país con orígenes muy lejanos, su historia se podría contar desde tiempos del Imperio romano, hace poco más de dos milenios; sin embargo, se considera que el país fue fundado el 17 de marzo de 1861. ¿Quiere decir que Italia no existía antes de esa fecha? Sí y no.

Existía el territorio, una serie de lenguas que finalmente formaron el italiano, una historia y una cultura común, una ciudad capital, Roma, llamada la ciudad eterna, cuya fundación se fecha en el 753 antes de nuestra era, y se les atribuye a los gemelos Rómulo y Remo, abandonados en el bosque y amamantados por una loba. Estos dos personajes no existieron, ni una loba puede hacer sobrevivir a un bebé humano; mucho menos se puede pensar que dos personas construyan una ciudad; ése es el mito fundacional.

Es decir, lo que para el mexicano se festeja el 16 de septiembre es equivalente a la fiesta nacional italiana del 17 de marzo, y su Padre de la Patria es el rey Víctor Manuel II, que en esa fecha unificó la nación. Los aztecas encontrando el símbolo sagrado tras un largo peregrinar son el mito equivalente a Rómulo fundando la ciudad de Roma en honor a su hermano Remo. La diferencia es que los italianos saben que eso no ocurrió nunca, mientras en México se enseña en clase de historia y algunos historiadores dedican carreras enteras a trazar la ruta de la peregrinación.

Pasa lo mismo con Alemania. Hay pueblos germanos en el centro de Europa desde hace dos mil años; desde hace siglos hay un idioma y una cultura alemana, fundamental en la historia de la Europa medieval y moderna, pero el país no surgió como tal hasta 1871, fue partido en dos en el siglo XX y finalmente reunificado en 1990, el 3 de octubre, que es cuando festejan actualmente su fiesta nacional.

Países nórdicos como Dinamarca y Suecia remontan sus orígenes al siglo VIII, y es en torno a reyes que tienen más de leyenda y mito que de historia, como Beowulf. Inglaterra está poblada por los britani desde tiempos inmemoriales, pero su lengua y cultura son anglosajonas; anglos y sajones no llegaron a la isla hasta el siglo v, aunque la unificación del país se debe a la invasión de los vikingos normandos que consolidan el país en el siglo xi, pero mitológicamente se remontan a un sacerdote druida llamado Merlín y a un inexistente rey Arturo.

Rusia tiene historia desde el siglo ix, cuando los pueblos eslavos fueron unificados por el vikingo conocido como Ruryk el Grande, quien quizá no existió, pero es en el siglo xv cuando surgió el principado de Moscú y en el siglo xvii cuando surgió el Imperio ruso, que murió en 1917 con la Revolución soviética, de la que surge un país diferente en el mismo territorio. Pero a pesar de tanta historia, la actual Federación Rusa festeja su independencia el 12 de junio, para conmemorar su separación de la Unión Soviética apenas en 1990.

En ese sentido, ¿desde cuándo existe México?, ¿cuál es su origen?, ¿a partir de qué momento de la historia se puede decir que existe el México que somos hoy?, ¿hasta dónde en el pasado podríamos remontarnos y decir que aquello era México? Sea que fechemos la independencia el 16 de septiembre de 1810, cuando nos decimos que inicia la guerra, o el 27 de septiembre de 1821, cuando aparentemente termina, la pregunta obvia sería: ¿qué existía antes de esa independencia?

Cabría preguntarse si México se independizó o nació en 1821, igual que habría que reflexionar si México fue conquistado en 1521 o si ese año comenzó a gestarse. Si hablamos de un país que se independiza de otro (México de España), parece evidente que ese país existe previamente, aunque esté conquistado, y que existe un pueblo que lucha por esa independencia. Es decir, normalmente, antes de que exista un país, existía ya su pueblo, el pueblo que lucha por la construcción de dicho país.

Antes de que existiera Alemania habitaban ya la zona los pueblos germanos que se consideran origen del pueblo alemán; desde el siglo VIII existen en el norte de Europa los pueblos eslavos que se consideran origen del pueblo ruso actual y desde tiempos remotos se puede hablar de los pueblos latinos que son el origen del italiano. En ese sentido, ¿qué pueblo es origen del mexicano, incluso antes de que exista el país?

Esa respuesta no es fácil y tiene mucho más que ver con mitologías y narrativas que con la realidad. El mito fundamental está plasmado en el escudo nacional: un águila posada sobre un nopal devorando una serpiente, tomado de la leyenda azteca sobre la fundación de Tenochtitlan. ¿Somos entonces aztecas?

La realidad es que el pueblo azteca fue prácticamente aniquilado en el siglo XVI, tanto en la guerra de conquista y caída de Tenochtitlan como en guerras subsecuentes y en una serie de epidemias de viruela; los aztecas prácticamente fueron aniquilados, por lo que es imposible descender de ellos, y lo más importante, no hubo ningún azteca luchando por la independencia en el siglo XIX.

Así como Rómulo y Remo, la leyenda del pueblo azteca que peregrinó por un siglo hasta encontrar el águila y la serpiente, señal de su dios Huitzilopochtli, tampoco es cierta. Pero al igual que la leyenda italiana, es un mito fundacional. La situación es que Roma es hasta la fecha la capital de Italia, mientras que Tenochtitlan dejó de existir hace cinco siglos, aunque, desde luego, los románticos nacionalistas le pueden seguir llamando México Tenochtitlan si así lo prefieren.

¿Quién es entonces el pueblo mexicano? Podríamos hablar de todos los demás pueblos mesoamericanos que derrotaron a los aztecas, porque sería bueno tener eso siempre en cuenta: que cuando llega Cortés, había docenas de pueblos además del azteca, y que el llamado conquistador tomó Tenochtitlan al mando de unos quinientos españoles y quizá cien mil indígenas de pueblos sometidos por los aztecas.

Tenemos una supuesta conquista, y de ahí que tengamos una guerra de Independencia. Preguntémonos entonces qué pueblo fue el que luchó dicha guerra, y tal vez entonces sabremos qué pueblo es el origen de México.

Esto nos enfrenta a un problema con la narrativa y mitología hoy aceptadas, y es que los distintos líderes de las diversas etapas de la guerra de Independencia, sea que hablemos de Hidalgo en 1810, Morelos, de 1810 a 1815, Agustín de Iturbide en 1821 o incluso Guadalupe Victoria, quien funda la República Federal en 1824, eran todos criollos, es decir, españoles descendientes de los conquistadores. Esto era Nueva España, que no México, y son los novohispanos los que lideran la independencia.

Por novohispano nos referimos al habitante de la Nueva España, o más bien, a los únicos habitantes de dicho reino que sentían precisamente una identidad novohispana: los criollos, los descendientes de los españoles nacidos en suelo americano. Esto nos lleva a la paradoja de ser descendientes de los aztecas conquistados, pero vivir en un país que fue liberado por descendientes de los conquistadores.

Pero criollos novohispanos fueron tan sólo los líderes de la guerra de Independencia. En la turba de Hidalgo o en los ejércitos de Morelos e Iturbide había indígenas y criollos, pero principalmente mestizos. ¿Cuál es entonces el origen de esos mestizos que lucharon por la independencia?

Su origen es nada más y nada menos que la llamada Conquista. El mestizaje de nuestro país es la mezcla del español con la población indígena americana, mezcla que sería imposible sin la presencia hispana. Es decir que un pueblo mestizo (con componente hispano), liderado por criollos (descendientes de hispanos), fue el que luchó por la independencia.

Ha quedado claro que ni el mestizo ni el criollo podrían existir sin la presencia hispana; con esto como base, resulta que el pueblo que dio origen al México independiente es un componente mestizo, indígena y criollo, resultado de una mezcla que comenzó a darse precisamente con la llegada de los españoles; sea que tomemos como año simbólico el momento del desembarco de Cortés, 1519, o el de su victoria sobre los aztecas en 1521.

Cualquiera de estos años podría aparecer en nuestra historia como un año fundacional, origen del pueblo mexicano actual, fecha que por lo tanto debería ser festejada; pero pasa todo lo contrario: esa serie de eventos, englobados en el concepto de "Conquista de México", se nos han enseñado como un suceso sombrío que marca de forma terrible y determinante a nuestro país.

Pero volviendo a la independencia, el hecho contundente es que en el siglo XIX, esa guerra de once años que dio origen a la patria liberada que somos hoy fue peleada por ejércitos de indígenas, mestizos y criollos. Los líderes hablaban español, e incluso Miguel Hidalgo, dato que no se debe olvidar, convocó a las armas en nombre del rey de España, Fernando VII.

Así pues, dado el indiscutible componente hispano que, junto con el indígena, tiene el mexicano de hoy, habría que entender y aceptar que el pueblo mexicano tiene su origen en la mezcla de lo hispano con lo amerindio y que esa mezcla comenzó a darse en el siglo XVI, tras la derrota de los aztecas por parte de indígenas e hispanos. El pueblo que somos se fue formando a lo largo de tres siglos de virreinato, el periodo más olvidado de nuestra historia.

Parece que nadie se da cuenta: suponiendo que antes fuéramos aztecas, que el pueblo que se libera en el siglo XIX habla español, tiene un sistema social feudal, es católico y guadalupano y con una cultura barroca. ¡Todo eso llegó de Europa con los españoles! Si la independencia hubiera sido la liberación de los aztecas se hablaría náhuatl, se rendiría culto a Tláloc y Huitzilopochtli, habría construcciones piramidales y, ¡Dios no lo quiera!, no habría Virgen de Guadalupe.

Es evidente que el origen más remoto del mexicano son los pueblos originarios de Mesoamérica, no sólo los aztecas, pero también que otro origen innegable es la llegada de los españoles, cuyo nacimiento es remoto también. Visto de esta forma, no tendría el mexicano que sentirse el fruto de una conquista; somos hijos de dos grandes raíces con siglos o milenios de historia, y si nos limitamos a aztecas y españoles, hijos de dos pueblos gloriosos y conquistadores.

Tenemos todos los elementos para una narrativa basada en la gloria, pero el Partido de la Revolución decidió contarnos una historia de derrota. Lo primero que hay que hacer para transformar a México es contarnos una historia diferente, y los hijos renegados del Partido de la Revolución son, por ahora, los que van a contarnos una nueva historia, una de tres transformaciones en el pasado y una cuarta transformación en marcha. ¿Una nueva mitología para un nuevo México?

LA MENTE COLECTIVA

L a mentalidad colectiva, inculcada en la historia, introyectada en cada individuo, impregnada en cada manifestación de la cultura popular y transmitida por costumbre e inconciencia de generación en generación, determina prácticamente todo lo que somos. A estas alturas, de este libro y de nuestra historia, ya debería estar claro que no somos todo lo maravilloso que decimos ser y que precisamente por eso es necesario transformar el país, declararnos la paz, establecer un pacto social equitativo, construir una estructura de beneficios mutuos y desarrollar así todo nuestro potencial.

Hablar de mentalidad colectiva parece a veces algo un tanto esotérico o místico, pero no hay tal cosa; hay que entenderla como un fenómeno psicológico muy elemental. Esa mentalidad es una estructura en la mente de los individuos y depende de tres factores: una estructura socioeconómica, cultural, política, jurídica y religiosa, a la que llamaremos estructura fundamental; una narrativa histórica que es nuestra estructura mitológica, y una serie de patrones de conducta y condicionamientos, aprendidos y transmitidos generacionalmente, a lo que llamaremos estructura psíquica.

La estructura elemental es lo que nos conforma como sociedad, y en el caso de México es de las cosas que urge transformar, ya que toda esa estructura está basada en la injusticia. Una economía de las mayores del mundo, rica y próspera, pero que nunca ha derramado la riqueza; un sistema jurídico que permite que esto ocurra de esa manera, un sistema político que utiliza la pobreza como capital, y una serie de creencias religiosas que veneran la pobreza, así como una Iglesia que, desde tiempos virreinales hasta hoy, ha sido cómplice en la desigualdad y ha tratado de mantener al pobre feliz con su pobreza, siempre con promesas celestiales a futuro.

La estructura mitológica que se ha estado exponiendo en las páginas anteriores es esta narrativa de conquista, derrota y victimización, esta visión de eterna lucha, de división y de conflicto, que bien podemos visualizar en murales de Diego Rivera como *Epopeya del pueblo mexicano* en las escaleras del Palacio Nacional, donde plasma su visión de todo nuestro recorrido histórico y donde difícilmente se puede encontrar un solo rincón de la obra pictórica donde no esté alguien peleando.

Así, la formación y transformación de un país, su evolución o involución, avance, retroceso o estancamiento, depende por completo del actuar de su pueblo. Lo que determina a un pueblo es su mentalidad, y dicha mentalidad depende de la narrativa histórica, de las historias que nos contamos de nosotros mismos, y quizá ya es hora de contarnos una historia diferente, una que nos permita alcanzar pronto el futuro que hasta hoy hemos dejado escapar.

Las estructuras mencionadas, elemental, mitológica y psíquica, evidentemente interactúan y se retroalimentan unas de otras, son interdependientes. Si toda nuestra estructura elemental ha estado basada siempre en la injusticia, la explotación y el abuso de muy pocos sobre casi todos, resulta evidente que se construya una mitología de conquista y victimización, que la mayor parte del pueblo puede creer porque de alguna forma son mexicanos que aún viven conquistados... por las propias elites de México.

Si toda nuestra estructura económica, política, jurídica y religiosa está basada en la injusticia, y nuestra estructura mitológica nos refuerza el mito y trauma de la conquista, nuestra estructura psíquica sólo puede estar muy dañada, conformada por condicionamientos psicológicos y pautas de conducta en torno a ser chingón y gandalla, a abusar antes de ser abusado, a buscar constantemente la revancha y el desquite, a ser intolerantes y cerrados y a ser enemigos unos de otros. Con esa estructura psíquica, difícilmente se podrá cambiar la estructura elemental, y así es como entramos y nos mantenemos en nuestro autodestructivo círculo vicioso.

Así pues, la historia no es una realidad sino una construcción, una narrativa basada en hechos, pero basada en las interpretaciones, que a su vez siempre dependen de intereses ideológicos y políticos. Es así como la historia se convierte en una mitología nacional, y toda mitología, desde el inicio de la civilización, ha moldeado el inconsciente colectivo de un pueblo. No es casualidad que el Partido de la Revolución se interesara tanto en las construcciones históricas, y no es casualidad que su hijo color guinda tenga el mismo interés. Conocen el valor y el poder de la historia.

¿EVOLUCIÓN O REVOLUCIÓN?
EL DISCURSO DE LAS TRANSFORMACIONES

Un país debería evolucionar de forma constante a lo largo de su historia sin detenerse. Por evolución nos referimos a que la población en su conjunto, y de manera incluyente, vaya logrando y desarrollando mejores estándares de calidad de vida; más libertades, menos necesidad de represión, sistemas de educación, salud, arte, deporte y ciencia para todos. Que la sociedad viva con certezas y sin miedos.

La evolución constante es la manera de construir un mejor futuro, porque es la única forma de hacerlo de manera pacífica. Las transformaciones revolucionarias son necesarias ahí donde la mentalidad y la sociedad se han estancado hasta vivir en las sombras del pasado, ahí donde nunca se ha generado una visión de bienestar que envuelva a todos los individuos. Una revolución es la máxima muestra de un fallo social.

Todo gobierno o régimen emanado de una revolución construye una narrativa que gira en torno a glorificar dicha revolución; pero la revolución nunca es un logro, nunca un avance, nunca un evento glorioso, es, a lo sumo, un remedio urgente, derivado de no saber evolucionar, es una ruptura drástica y violenta y en su esencia siempre hay un cúmulo de rencor social. La revolución construye sobre lo destruido y así va evitando la verdadera evolución.

Cuando un país y su pueblo se van quedando en las sombras del pasado, en las viejas estructuras de dominio, en las ideas y visiones de tiempos, circunstancias y necesidades antiguas, las tensiones sociales se van acrecentando, las contradicciones son cada vez más fuertes, las divisiones sociales cada vez más insalvables. Cuando eso ocurre, el acercamiento entre el pueblo se va haciendo cada vez más imposible y la puesta al día y modernización se tornan cada vez más difíciles… entonces hay una revolución.

Lo que surge de una revolución nunca ha sido justo o equitativo, jamás ha sido incluyente ni ha buscado abarcar a todos los sectores e ideas, jamás ha sido ordenado y mucho menos pacífico. Aplica a la francesa, a la soviética, a la cubana, a la industrial, a las religiosas… y desde luego, a la mexicana. Con el paso de décadas, una revolución puede mostrar algunos frutos, pero la evolución a través de la revolución va destruyendo y construyendo, va desgastando y dejando heridas, acumulando rencillas y rencores.

La máxima revolución transformadora que puede experimentar una sociedad es dejar de necesitar revoluciones transformadoras y entrar de manera permanente en el camino de la evolución. Es mejor una revolución que permanecer en el pasado y en el quietismo, pero no es el camino de la revolución el que saca lo mejor de un país y de su pueblo.

México nunca ha evolucionado y lleva doscientos años transitando por el sendero de la revolución, de la división, de la guerra civil, de la actualización forzosa y violenta, de vivir en el ayer en lugar de encabezar la vanguardia. Ahora nos enfrentamos a la narrativa de las tres transformaciones históricas del país; Independencia, Reforma y Revolución; tres momentos de nuestro devenir histórico que se han caracterizado por la explosión social, el desahogo intempestivo de iras acumuladas, la intolerancia, la polarización, la incapacidad de dialogar, y finalmente la guerra, la violencia, la imposición de ideas; y por añadidura, la muerte y la destrucción.

Las tres transformaciones tienen en común algunas cosas: han significado la disolución absoluta del siempre frágil e injusto pacto social, han enfrentado a visiones excluyentes e intolerantes de nación, han partido de la base de que hay buenos y malos, patriotas y traidores, razones para matar y morir, han generado millones de muertos... y ninguna ha transformado nada en realidad.

Podemos cambiar el nombre del país y la ubicación geográfica desde donde se impone el tirano, podemos decirle rey, emperador o presidente, podemos gobernar desde el centro o desde los estados, podemos cambiar leyes y hacer nuevas constituciones (que en México tienden a ser letra muerta), podemos quitar a uno y poner a otro, derrocar a un dictador, proclamar la democracia, cambiarle el rostro y forma a la dictadura... pero mientras no cambiemos la estructura elemental, la mitológica y la psíquica, mientras no cambiemos nuestros condicionamientos y patrones, nunca experimentaremos una transformación que nos saque del sendero de las revoluciones y nos encauce por el de la evolución.

Más allá de todo lo anterior, es difícil no coincidir en que la Independencia, la Guerra de Reforma y la Revolución son, con toda certeza, junto a esa serie de eventos que englobamos simplistamente como Conquista, los momentos más icónicos de nuestra historia, algo así como nuestra columna vertebral. Los tres han sido procesos revolucionarios, con guerra civil incluida; son los acontecimientos que más nos han determinado y los que más a profundidad deberíamos conocer, sobre todo para comprender por qué ni siquiera momentos tan tumultuosos nos han transformado.

La nueva mitología que está construyendo el nuevo régimen parte de un acierto: comenzar a contarnos nuestra historia desde el siglo xix y no en las arenas del remoto pasado. No quiere decir que deba ignorarse el pasado de los pueblos indígenas, ni la llegada de los españoles, la caída de Tenochtitlan y la lenta construcción de la Nueva España, pero entre más se pierde uno en el pasado es más difícil vislumbrar el futuro. Comenzar con la Independencia es contarnos nuestra historia desde que empieza a existir ese país que somos hoy.

Mitológicamente, una guerra o proceso de independencia es un momento icónico y dotado de mucho significado. En nuestro caso, y con base en esta nueva narrativa, la Independencia se nos presenta como un símbolo de liberación, el momento de soltar el yugo y tomar las riendas del propio destino, es el acontecimiento que pone el rumbo de México en manos de los mexicanos, es como nuestro momento de pasar de la oscuridad a la luz, es el amanecer de una patria.

Se mantienen mitemas del pasado bastante caricaturescos: Hidalgo es el liberal bueno y justo, con una visión de nación basada en los ideales de la Ilustración, que lucha siempre de manera desinteresada por darle patria y libertad a un pueblo. Iturbide sigue siendo el traidor que egoístamente organizó un movimiento libertario, tan sólo movido por sus oscuros y personalísimos intereses, lo cual queda evidenciado cuando el muy traidor se proclama emperador. En ambos casos tenemos botargas históricas, no personas reales.

Es exagerado el heroísmo atribuido a Hidalgo, poco lo que se conoce del verdadero heroísmo de Morelos, Matamoros y Galeana; muy oculto el lado oscuro, terrible, del llamado Siervo de la Nación, absolutamente falso atribuirle la consumación de la Independencia a Guerrero, y del todo injusto colocar al libertador Iturbide, más allá de sus luces y sombras, en el inframundo de nuestra historia. Así es que más allá de lo que cada quien quiera ver en cada personaje de la historia, el hecho es que hay un proceso de emancipación; ése es el hecho contundente y palpable; la manera en que se cuente, se interprete y se utilice ese hecho, es parte ya de la narrativa y la mitología.

Tenemos entonces una primera transformación: la Independencia. Los mexicanos son libres y deben de asumir la responsabilidad de guiar su propio país. Habría que preguntarnos si, dos siglos después, hemos en realidad tomado y asumido nuestra responsabilidad, o si como niños inmaduros seguimos señalando culpables externos; deberíamos examinar nuestro país y nuestras mentes para ver si nos hemos liberado de los traumas del pasado, si hemos soltado ese terrible yugo, si hemos sido capaces de tomar las riendas del país y de conducirlo, o si por falta de planeación hemos sido una veleta movida por los vientos de la historia. Sería bueno examinar si hemos dejado atrás la oscuridad para entrar en la luz y si realmente ha salido el sol en nuestra patria.

Como la narrativa de las tres transformaciones está cargada de ese veneno mental llamado nacionalismo, la Independencia también significa el momento en que nos liberamos del extranjero y nos tratamos de encerrar en nosotros mismos, el instante en el que todo extranjero se convierte en sospechoso y potencial enemigo del país. Comienza ahí ese miedo al de afuera que seguirá presente en todo nuestro discurso histórico.

Independencia. Somos libres. A partir de ahí todo lo que pasa en México es responsabilidad de los mexicanos, aunque no hayamos asumido esa responsabilidad. El país ya es nuestro, nosotros tomamos las decisiones y lo construimos, reformamos y transformamos. México nace y entra en el camino de la autodeterminación de los pueblos. Ahí está el símbolo de la primera transformación.

La segunda transformación es la Guerra de Reforma, esa que enfrentó a mexicanos contra mexicanos entre 1858 y 1861, y donde el icono fundamental es Benito Juárez como el gran hombre bueno y justo, el símbolo de la defensa de la patria, y tenemos desde luego los símbolos negativos, desde el terrible vendepatrias de Santa Anna, hasta el imperialismo europeo, la invasión, el nuevo intento extranjero de saquear nuestros recursos, representado en Maximiliano. Una vez más tenemos botargas y no personas reales.

Un México donde sigue prevaleciendo la injusticia social y el atraso, la explotación y el abuso, la opulencia rodeada de miseria; todo a causa de los aristócratas que siguen en el poder y de la Iglesia católica que sólo ve por sus intereses y sostiene en el poder a la elite. Contra esta realidad, representada a nivel político por los conservadores, aparece la figura de Juárez y su bando: los liberales.

Los terribles conservadores quieren dejar todo como está para mantener sus privilegios, pero contra ellos surgen los buenos, honestos, patriotas y desinteresados de los liberales, los que de manera abnegada se sacrifican por el bien de la nación sin pensar nunca en ellos mismos; los que son tan honrados que son pobres aunque estén en el poder, y así mantenemos el mitema de pobre pero honrado y la pobreza como virtud.

Lo cierto es que, a mediados del siglo XIX, México conservaba estructuras heredadas del virreinato que lo hacían un país bastante feudal y medieval, y donde efectivamente la Iglesia católica era más poderosa que el propio gobierno. México necesitaba urgentemente una modernización que permitiera la consolidación del Estado, uno laico según los valores de la Ilustración, donde la fe es algo permitido, pero del ámbito personal y no del político, donde se consagran libertades como la de prensa, opinión, manifestación y credo. Todo ello está simbolizado en las Leyes de Reforma y sus principales creadores: Benito Juárez, Sebastián Lerdo de Tejada y José María Iglesias.

Las Leyes de Reforma eran necesarias y la modernización que planteaban era urgente. Una nueva constitución liberal que le quitara poder a la Iglesia, consagrara libertades y derechos y nos hiciera iguales ante la ley era algo impostergable. Así pues, la Reforma como segunda transformación significa, entre otras cosas, la modernización, la justicia social, la igualdad y el laicismo. Si se obtuvieron o no es un debate diferente, pero hoy siguen siendo necesarias, porque no las tenemos, y la Reforma es el símbolo.

Dado que nunca hemos sabido dialogar, la creación de las Leyes de Reforma, a partir de 1855, y la Constitución liberal de 1857, nos llevó a la guerra entre liberales y conservadores, un debate del que era ajeno casi todo el pueblo, aunque la guerra los involucró y afectó a todos, un pueblo que en muchos casos no sabía por qué luchaba, o que simplemente peleaba en el bando en el que le tocó estar, ya que en una guerra civil el único valor por el que se termina peleando es la sobrevivencia.

Pero hubo una guerra, iniciada por los conservadores, aunque desde luego hubo provocaciones de los liberales, en la que Juárez es el símbolo de la modernidad y de la legalidad, ya que por una serie de vicisitudes históricas, su presidencia, disputada primero por Félix María Zuluaga y después por Miguel Miramón, era la legítima. La guerra comenzó cuando Juárez tuvo que huir de la Ciudad de México, en enero de 1858, y termina cuando vuelve a la capital en enero de 1861.

A partir de entonces Juárez es también el símbolo del liberalismo, pues ha derrotado a los conservadores, se ha afianzado en el poder y está listo para comenzar la modernización liberal de México. Su necedad, obstinación, intolerancia y tratos con los estadounidenses no se mencionan nunca, desde luego, pues la historia de México siempre se ha contado en blanco y negro.

Pero los acontecimientos hicieron aún más importante y simbólico su papel en la historia, pues los conservadores, dispuestos a todo con tal de mantener el poder (igual que los liberales), ya habían buscado y obtenido apoyo en Europa; eso se convirtió en la intervención francesa de 1862, con su mítica batalla de Puebla, y en el fallido imperio de Maximiliano, de 1864 a 1867. Pero debido a eso, Juárez es también el símbolo de la defensa de la República ante el imperio y del interés de la nación contra la invasión extranjera.

La historia de esa serie de acontecimientos es muy compleja y siempre entrelazada con los eventos de Estados Unidos y Europa, y en general siempre se nos cuenta de manera simplista. Si tomamos los hechos desde 1858, cuando Juárez deja una Ciudad de México invadida por los conservadores, hasta la derrota de Maximiliano y restauración de la República en 1867, tenemos una agitada década donde triunfa el liberalismo, la República y el interés nacional, se consolida el Estado, el laicismo y la independencia. Ésa es la segunda transformación.

Son los acontecimientos, y la forma en que se narran, los que hacen a los héroes, y ciertamente los eventos en los que se ve envuelto Benito Juárez favorecen la creación de un gran arquetipo heroico; si a esto sumamos la exagerada y desmedida veneración que se ha hecho de él, tenemos un símbolo perfecto. Una vez más, las mitologías históricas construyen símbolos, no verdades.

En la primera transformación México nace y se libera del yugo extranjero. En la segunda, se moderniza, se consolida el Estado y se reafirma la independencia, y Juárez se convierte en el símbolo de todo eso y de la defensa a ultranza del país contra el extranjero. Una vez más la narrativa se llena de nacionalismo y podemos reiterar el miedo al extranjero, que siempre será villano y abusivo, y la absurda idea de que el nacional sería incapaz de dañar al país… a menos que sea conservador y esté asociado con extranjeros.

Es 1867 se ha restaurado la República, aunque 90% del pueblo analfabeta no sabía lo que eso era; México es liberal aunque ese mismo porcentaje del pueblo tiende a ser conservador y muy religioso. Han triunfado los liberales; Juárez, que es presidente desde 1857, se afianza en el poder y lo mantiene hasta su muerte en 1872, quince años de gobierno sin elecciones populares, pero no es dictador.

Sebastián Lerdo de Tejada, que aspiraba a la presidencia desde 1867, toma el lugar de Juárez en 1872, pero en conflicto contra Porfirio Díaz, quien aspiraba al poder desde el mismo año, cuando él derrotó a gran parte del ejército imperial, liberó Oaxaca, Puebla y la Ciudad de México, y le entregó la capital a Benito Juárez.

Don Porfirio comenzó su carrera con los liberales, luchó en ese bando, peleó contra Santa Anna, fue juarista en la Guerra de Reforma y recuperó la Ciudad de México del poder imperial…

por razones más ideológicas que históricas, es uno de los malos... el malo consentido de casi todos, ese villano que, en corto y en confianza, casi todos consideran héroe.

Los quince años de Juárez en el poder no son dictadura, los de Díaz sí. El Porfiriato fue glorioso y terrible, como fue la Revolución industrial en todo el mundo; hubo orden y progreso, industria, bonanza, riqueza, prestigio mundial, inversiones, modernización de infraestructura en todo el país... y mucha pobreza, miseria e injusticia sustentando todo eso.

En 1910 el viejo Porfirio celebró el centenario de la Independencia de manera fastuosa; nadie hubiese imaginado en septiembre que dos meses después comenzarían los alzamientos que nuestra narrativa histórica llama Revolución y con mayúscula. Pero la tensión y el rencor social estaban ahí, el combustible estaba listo y sólo faltaba encender la mecha. La encendió Francisco Madero.

Todos sabemos que la Revolución con mayúscula comenzó el 20 de noviembre de 1910, con el llamado de Madero, que no ambicionaba el poder ni tenía intereses personales, sólo quería, abnegada y desinteresadamente, regalar la democracia al pueblo mexicano. Tenemos de nuevo la caricatura y la botarga por encima de la realidad, pero ése es el símbolo. Madero simboliza la democracia y el valor de luchar por ella contra la tiranía.

Pero nunca ha estado claro cuándo termina la Revolución. Díaz renunció al poder en mayo de 1911 y se fue del país, pero la revolución siguió. Madero tomó la presidencia en noviembre de ese mismo año, pero la revolución siguió, gobernó hasta 1913 pero la revolución siguió. En febrero de 1913 Victoriano Huerta dio un golpe de Estado, tomó el poder y asesinó a Madero; contra el usurpador se alzó Venustiano Carranza y la revolución siguió.

Huerta huyó de México en 1914, pero nadie estuvo de acuerdo en quién debía quedarse con el poder, aunque el acuerdo previo era que sería Carranza, y así la revolución siguió. Carranza gobernaba, pero Zapata y Villa seguían en su contra; afortunadamente

Carranza contaba con el genio militar de Álvaro Obregón y pudo mantenerse en el poder mientras la revolución seguía. Don Victoriano fue asesinado en mayo de 1920, al parecer por órdenes de Obregón y con participación de Lázaro Cárdenas.

Obregón tomó el poder y la revolución siguió, mezclada con guerra civil. En 1924 Obregón entregó el poder a Plutarco Elías calles, y como otros que aspiraban a la silla no estuvieron de acuerdo, la revolución siguió. Calles gobernó mientras la revolución seguía, mezclada con guerra civil y hasta con guerra santa. Con ayuda de Calles, Obregón ganó su reelección en 1928, pero cayó misteriosamente asesinado, probablemente por órdenes de Calles, y la revolución siguió. Díaz, supuesta causa de la revolución, había muerto en París en 1915.

Plutarco Elías Calles organizó el poder durante el sexenio que hubiera correspondido a Obregón, entre 1928 y 1934, mientras, con menos impulso, la revolución seguía. Calles fue el primero que tuvo la idea de convertir la revolución en partido político, y así la guerra fue poco a poco deviniendo en gobierno.

El Partido Nacional Revolucionario, creado por Calles, postuló a elecciones a Lázaro Cárdenas; en medio de revolución y de tiroteos en las casetas electorales donde la ventaja la llevaba el candidato opositor, Juan Andrew Almazán, Cárdenas ganó las elecciones y tomó el poder en diciembre de 1934. La revolución se iba convirtiendo en revueltas aisladas y sofocadas por la represión cardenista, el lado oculto del Tata que nunca será contado.

En la narrativa de las tres transformaciones, la Revolución termina con Lázaro Cárdenas del Río, cuando, con gran ingenio y habilidad política, logra encauzar los conflictos dentro del partido que él crea tras destruir el de Calles, y al que llama Partido de la Revolución Mexicana. El pueblo es dividido en sectores y corporaciones, todas ellas incorporadas dentro del partido, si es que aspiran a tener voz en el nuevo país y su nuevo régimen. Tras veinte años de guerra vuelve el orden, que no la paz, la dictadura personal se convierte en dictadura institucional y la democracia, la república y federalismo siguen siendo un mero discurso, como en todo el siglo anterior. Ahí termina la Revolución.

Madero está rodeado de las circunstancias que permiten convertirlo en el apóstol de la democracia, y más allá de los hechos y de su lado oscuro, ése es su símbolo en el discurso de las transformaciones: el demócrata, el hombre de bien que se enfrenta a la tiranía y la derrota, porque los buenos siempre ganan y porque la democracia es símbolo de bondad en la política, aunque con ella como pretexto se pueden cometer las mismas tropelías que en cualquier otro sistema político.

El discurso de las transformaciones nos da un final de la Revolución con el cardenismo, y toma a ese otro héroe consumado para convertirlo en el último de los símbolos transformadores que preludian, casi profetizan, al nuevo gobierno, la nueva transformación.

Cárdenas es un hombre de un talento político innegable, y vaya que estuvo rodeado de circunstancias mundiales que permiten convertirlo en un símbolo maravilloso. Su sexenio, de 1934 a 1940, es la era de los fascismos y la consolidación del comunismo soviético, una época de crisis para las democracias, en la que casi toda Europa tomó la opción de algún tipo de dictadura y donde las democracias consolidadas aplaudían la dictadura de derecha ahí donde amenazaba el comunismo.

El mundo vive en la recesión derivada del crack de la bolsa de 1929, Hitler había tomado el poder en Alemania en 1933, once años después de que Mussolini lo hiciera en Italia. A partir de 1936, entre los dos apoyaron a Franco a ganar la guerra civil en España, lo que causó una ola de exiliados de la que México se vio altamente beneficiado al recibir a toda una generación de intelectuales cuya huella aún se nota en el país.

Europa se reconstruía de la Primera Guerra Mundial, la industria volvía a florecer, pero ese crecimiento dependía en gran medida del auge de la industria bélica militar, lo cual sólo podía augurar una nueva guerra, una que, al igual que la anterior, sería ganada por quien además de gran industria tuviera control del combustible que movía toda esa nueva era industrial: el petróleo.

En México se refinaba petróleo estadounidense desde 1890 y se extraía el nacional desde 1900, todo durante el Porfiriato y siempre con empresas extranjeras, principalmente inglesas, holandesas y estadounidenses, que se beneficiaban desmedidamente en comparación con el beneficio que entregaban a México por la explotación de sus hidrocarburos.

Aunque el petróleo mexicano, junto con toda la riqueza del suelo y subsuelo, era propiedad de la nación según la Constitución de 1917, eso había sido letra muerta, pues por conveniencias políticas, los gobiernos de Obregón y Calles habían mantenido los beneficios del Porfiriato a las empresas extranjeras, sobre todo a las estadounidenses.

Para marzo de 1938 la guerra en Europa era inminente, así como la necesidad de petróleo para ganarla. Es en ese momento cuando Cárdenas ordena la expropiación, no del petróleo, porque ése ya era mexicano según la Constitución, sino de las empresas extranjeras que lo extraían, para crear con ello una empresa petrolera nacional.

Todo en la historia son siempre claroscuros y una gran escala de grises. Hay luces y sombras en la expropiación petrolera, desde la colaboración del gobierno estadunidense para llevarla a cabo, pasando por los excesos, abusos y corruptelas de la nueva empresa y su sindicato, hasta la incompetencia de dicha empresa. Pero el propio Cárdenas logró convertir la expropiación en el símbolo heroico fundamental de su gobierno, y así ha pasado a la narrativa nacional, tanto la creada por él mismo, como la nueva basada en el discurso de las transformaciones.

Es así que la tercera transformación, la Revolución, comienza con un apóstol de la democracia y termina con uno del nacionalismo. Su simbolismo queda claro: la democracia se impone a la tiranía, el pueblo vuelve a tomar las riendas de país (aunque eso nunca pasó ni ha pasado), y eso nos lleva de nuevo a la defensa de la patria, convertida en un nacionalismo revolucionario, que fue la religión nacional impulsada por Cárdenas. Una vez más un discurso nacionalista que vuelve a culpar al extranjero de los males del país y que sigue regenerando ese miedo a todo lo que venga de fuera.

Ahí están las llamadas tres trasformaciones: Independencia, Reforma y Revolución. La primera nos representa la libertad y la autodeterminación; la segunda nos simboliza el laicismo, la modernización, el republicanismo y la defensa; la tercera nos habla de democracia, justicia social y nacionalismo. Las tres implican al extranjero como culpable de nuestros males, y cerrarnos al mundo y mirarnos el ombligo como respuesta.

El mundo, y México por añadidura, se enfrentaron a la época de oro de la globalización desde la década de los ochenta. La crisis de 2007-2008 y sus secuelas, más los conflictos actuales del mundo, están haciendo resurgir una era de nacionalismo que en algunos casos y lugares amenaza nuevamente con ser fascismo. Así pues, el discurso de las transformaciones, tan lleno de nacionalismo, parece estar acorde con el espíritu de los tiempos.

Lo anterior es sólo un resumen esquemático del discurso, de la nueva mitología nacional. Es importante hacer hincapié, nuevamente, en que hablamos de símbolos mucho más que de realidades. A México le urge una transformación (dado que las anteriores al parecer no han transformado nada), y para ello, una narrativa basada en las transformaciones puede ser buena y funcional.

La vida es más importante que la verdad, decía Nietzsche, y eso aplica perfectamente a las mitologías nacionales. Su objetivo es ser funcionales para la realidad actual del país y la superación de sus problemas y necesidades. No tiene sentido perder el tiempo en esos concursos de egos que son los debates sobre la supuesta verdad histórica; el tiempo, el esfuerzo y la energía deben concentrarse en sacar el país adelante.

Urge una transformación, que si se logra dar será en realidad la primera. Todos debemos trabajar en ella y todos debemos estar incluidos, porque de lo contrario sólo es preludio de un nuevo conflicto bélico y la continuación de la guerra perpetua en la que México vive y de la que ha sido incapaz de salir.

Es vital para la supervivencia de nuestro país salir del sendero de la revolución en el que estamos enfrascados y encaminarnos por el de la evolución constante. Urge construir sin destruir previamente, urge dejar de destruir lo construido, urge trabajar en conjunto con el beneficio de todos y la justicia social como parámetro. Ha llegado el momento de declararnos la paz.

1521-1821: GESTACIÓN DE UNA PATRIA

México se llamó Nueva España entre 1535 y 1821, aunque en general se asume como periodo virreinal lo que ocurre desde 1521, año en que Tenochtitlan cae bajo el poder de Cortés y su ejército de indígenas. Antes de eso no había un país en este territorio, mucho menos uno llamado México. Tenochtitlan no era la capital de un Estado o imperio, era la ciudad del pueblo que para aquel tiempo sometía con violencia a los demás pueblos mesoamericanos.

Esta tierra vio nacer, florecer y desaparecer a lo que hoy llamamos Teotihuacán, porque así le llamaron los aztecas a dicha ciudad, de la que en realidad no sabemos casi nada, comenzando por quién la construyó y la habitó, y mucho menos su nombre original. Los aztecas se encontraron con ella cuando ya llevaba por lo menos tres siglos deshabitada, fueron ellos los que la imaginaron como una ciudad de dioses, y de ellos y sus propios mitos nos viene mucho de lo poco que sabemos de aquella cultura. El territorio que hoy es México fue hogar de muchos pueblos y culturas, algunas de las cuales aún sobreviven, y que son nuestro legado y responsabilidad. Pero nada de eso era México.

Teotihuacán significó el periodo de oro de la cultura mesoamericana; la ciudad comenzó a existir alrededor del año 100 de nuestra era, era la más grande y poderosa quizá ya para el siglo v, cuando dominaba gran parte del Valle de México, al tiempo que otra gran civilización, los zapotecos de Montalbán, dominaban el sur. Ambas ciudades comenzaron su decadencia alrededor del año 800 y estaban en ruinas para el 900. Su esplendor marca el periodo que los historiadores llaman Clásico, y es la gran época dorada de Mesoamérica.

Para el año 900, posibles descendientes de los pobladores de Teotihuacán dominaban a varios pueblos desde la ciudad de Tula o Tollan, hablamos de los toltecas y su efímero periodo de gloria, ya que para el 1 200 la ciudad había sido abandonada. En torno al año 1 000 Chichen Itzá estaba en su apogeo en la zona maya de Yucatán, construida y habitada por mayas provenientes de migrantes mayas de Centroamérica, probablemente mezclados con migrantes toltecas que llevaron el culto a Quetzalcóatl (Kukulcán). Para finales del siglo xv todas las ciudades mayas vivían ya en su decadencia.

La primera unificación de territorio, de lengua, de cultura y hasta de religión, lo cual fue de hecho pilar de la Conquista, así como delimitación de fronteras y gobierno único, todo ello componente fundamental de lo que hoy llamamos país y Estado, es algo que comenzó con la llegada de los españoles, que no sólo sometieron a los pueblos mesoamericanos, sino que contribuyeron con su casi aniquilación a través del enemigo silencioso que resultó la viruela.

De veinte a veinticinco millones de habitantes había en Mesoamérica a la llegada de Cortés, según se calcula. Cien años después, para 1620, esa población originaria no pasaba de setecientos cincuenta mil, una disminución de 97%. Por otro lado, no se había dado una migración masiva de españoles, cuya población no iba más allá de ciento cincuenta mil. Es decir que cien años después de la caída de Tenochtitlan, la población de lo que llamamos Mesoamérica, sobre la cual se comenzaba a construir la Nueva España, no llegaba al millón de habitantes.

El 13 de agosto de 1521 cayó Tenochtitlan, había en el territorio que hoy es México menos de mil españoles. Los siguientes cien años fueron los más duros del periodo virreinal, lo que se conoce como periodo formador. Es cuando se establece el virreinato, con un gobierno y una burocracia española cuyos vicios conservamos; es cuando las órdenes religiosas comienzan a esparcirse por el territorio y llevar a cabo la conquista espiritual, es cuando llega y se establece la Inquisición, cuando las epidemias destruyen a la población local, cuando comienzan a aparecer conventos y se empieza a desarrollar nuestra particular visión del barroco. Es, ante todo, cuando se comienza a dar el mestizaje, tanto étnico como cultural.

Fue un periodo particularmente tumultuoso, pues una vez derrotados los aztecas, Cortés y sus hombres, así como las siguientes generaciones de conquistadores, se enfrentaron a la realidad de decenas de pueblos que no aceptaban el yugo español. Algunos le llaman románticamente la conquista de los Méxicos, para mantener la idea de un México preexistente, pero es precisamente a lo largo de ese siglo XVI, con la pacificación y conquista de casi todos los pueblos, cuando comienza la formación de lo que será este país.

Fue a lo largo del siglo XVI cuando hubo un mestizaje intenso, toda una serie de mezclas; es cuando se fusiona lo hispano, lo indígena y lo negro, y todo el cúmulo de variantes conocidas como castas, que fueron básicamente un sistema de desigualdad basado en el color y la llamada pureza de sangre. En esa centuria fue también cuando el rey de España, Felipe II, prohibió oficialmente el mestizaje, lo cual no quiere decir que dejase de ocurrir, pero significó que todo aquel que fuese mestizo debía renegar de esa condición. Comenzó así a gestar la discriminación al mestizo en un país mestizo.

Para el siglo XVII las castas y etnias prácticamente no se mezclaban. Un poco a causa de la prohibición real y otro tanto porque, en ese periodo, llamado estabilizado, con una Nueva España estable y boyante, con esplendorosas ciudades naciendo y riqueza brotando de las entrañas de la tierra, comenzaron a llegar muchas más mujeres españolas que antes, familias completas incluso, y es cuando la segregación por color comenzó a ser la ley social del reino.

Los indígenas seguían teniendo descendencia, muy culturizada en lo hispano a causa de la religión, y solían ser los más devotos ante al altar y los más leales a la corona, aunque jamás en su vida viesen a un rey. Los españoles comenzaron a tener descendencia, los llamados criollos, y los mestizos, que no se asumían como tales, también seguían reproduciéndose y generando mezcla con mezcla. Ésa es la causa y origen de que seamos hoy un país multicolor, pero también de que seamos racistas y clasistas.

En el año 1700 murió el último rey español de la Casa de Habsburgo y la corona española cayó en manos de la casa real francesa, los Borbón. Ello significó un intento de modernización en España a través de nuevas leyes y procedimientos administrativos que en gran medida tenían que ver con los territorios españoles en América, de los que los reyes Borbón querían tener más control y obtener más riqueza.

Fue a partir de entonces cuando los criollos comenzaron a ser desplazados de puestos importantes y a ser discriminados por los propios españoles por el simple hecho de haber nacido en suelo americano, racismo entre blancos, que a su vez discriminaban a todos los demás.

Para 1800 la Nueva España era la joya de la corona, la mayor productora de la única plata que era aceptada como moneda en todo el mundo, el puente comercial entre Europa y Asia, todo un cuerno de la abundancia donde vivía, de hecho, el hombre más rico del mundo, cuya riqueza, evidentemente, estaba relacionada con la estructura de explotación y abuso que era el virreinato.

La Nueva España era un lugar muy rico y muy injusto, cuyas estructuras económicas, políticas, legales y religiosas tenían como objetivo sostener esa inequidad y esa explotación. Había elites muy ricas y prósperas, y una inmensa mayoría bastante desposeída.

Los españoles nacidos en España estaban al mando, los españoles nacidos en América estaban por debajo de ellos, pero igualmente hasta arriba, y eran, en conjunto, los únicos que poseían tierra y riquezas.

En 1810 comenzó un levantamiento que se fue convirtiendo en movimiento de independencia; para ese momento habría unos siete millones de habitantes en Nueva España y los españoles, nacidos allá o acá, eran la minoría dominante. En ese reino 90% de la población no sabía leer, existía la Santa Inquisición, había leyes diferentes según la casta; la Iglesia católica, mayor propietaria de tierras del reino, era en realidad más poderosa que el propio gobierno, los indígenas vivían marginados y excluidos de casi todo tipo de educación, la miseria de la mayoría frente a la opulencia de pocos era la norma y la religión daba los discursos que convertían esa injusticia en la normalidad.

Eso era Nueva España y lo fue hasta el año 1821, cuando los criollos, españoles de aquí, recibieron el poder de Juan de O'Donojú, español de allá, y un grupo de criollos, blancos, aristócratas y terratenientes firmó el Acta de Independencia. Ése fue el país que se independizó de España y que se hizo llamar México. Esa independencia es lo que ahora se llama primera transformación, aunque el único cambio fue dejar de llamarse Nueva España y pasar a ser imperio mexicano.

PRIMERA TRANSFORMACIÓN: INDEPENDENCIA Y GUERRA SIN FIN

El mejor método, lógico y simple, para comprender la magnitud de una transformación, o si ésta existió o no, es revisar cómo era al país, la sociedad y el pueblo antes del evento histórico en cuestión y proceder a analizar cómo quedó el país, el pueblo y la sociedad después de dicho evento. Así procederemos en el caso de las mentadas tres transformaciones.

Una guerra de independencia y una revolución siempre están envueltas en un halo de romanticismo heroico, el pueblo que lucha contra la tiranía. Con honrosas excepciones, suele ser el pueblo contra el pueblo por apoderarse de la tiranía. En realidad, toda guerra de independencia es de hecho una revolución, y toda revolución tiene los mismos componentes: los de en medio convencen a los de debajo de luchar en su nombre contra los de arriba. Los de arriba caen, los de en medio suben, los de abajo nunca notan la diferencia y permanecen igual. Es por eso que el camino de la revolución no suele conducir a la evolución.

Los de en medio en Nueva España, los únicos que podrían tener intereses y medios para llevar a cabo una revuelta de emancipación, eran los criollos, pero es justo decir que hasta 1808 nunca habían hablado de independencia. Ese año Napoleón invadió España y secuestró a Fernando VII, fue ese vacío de poder en la corona española lo que comenzó a generar movimientos

75

americanos que terminaron en guerras de independencia, aunque casi todos ellos comenzaron, de hecho, en nombre de Fernando VII, y con la idea de evitar la intromisión francesa en los asuntos americanos.

Ya en el siglo XVI los propios hijos de Hernán Cortés habían intentado hacerse del poder en Nueva España, pero más que una independencia, buscaban conservar en América los privilegios feudales y medievales que estaban desapareciendo en Europa. El otro evento anecdótico fue protagonizado por un aventurero misterioso, de mente brillante y perturbada a la vez: un irlandés llamado Guillén de Lampart que pretendió, sin mucha estrategia de por medio, nombrarse rey de la Nueva España. La aventura de los primeros terminó en un calabozo y después en el exilio en España, la del segundo terminó en las llamas de la Inquisición.

Fue en 1808 cuando se comenzó a hablar de independencia, no entre el pueblo, sino en pequeñas elites conspiradoras, y fue en 1810 cuando una de esas conspiraciones, de manera más bien improvisada, se convirtió, según nuestra narrativa, en el inicio de la independencia, aunque el grito del cura Hidalgo fuera: ¡Viva Fernando VII!

Para ese año había unos siete millones de habitantes en Nueva España. Los indios eran un 60%, los blancos, entre españoles y criollos, eran 15%, y los mestizos y castas un 25%. Las ciudades crecían, se consolidaba la expansión territorial hasta California y Nuevo México y se realizaban expediciones hasta Alaska.

El siglo XIX fue muy contradictorio en Nueva España, un reino en pleno crecimiento y con abundancia, pero donde 85% de la población veía muy poco o nada de dicha riqueza. Un país en plenitud donde la miseria acechaba tras la sombra, una aparente paz que era más bien un rencor contenido, una opulencia sustentada en la miseria que no tenía otro camino que el del estallido social. Dos siglos después, no ha cambiado mucho la realidad de México, a pesar de sus tres transformaciones.

Nueva España era en el siglo XIX lo que México es en el XXI; el país de los extremos. El reino estaba en pleno crecimiento, el territorio se extendía desde el centro de América hasta las costas de Canadá; había un gran auge minero, agrícola y ganadero, se mantenía comercio con prácticamente todo el mundo, desde el puerto de Veracruz con Europa y las islas del Mar Caribe, y desde el puerto de Acapulco con China, Japón, Filipinas y los virreinatos del sur de América; la población había crecido y era estable. Era el cuerno de la abundancia.

Por otro lado, la situación era conflictiva; el territorio no estaba bien controlado ni por España ni por Nueva España, el auge minero, agrícola y ganadero enriquecía a muy pocos, la riqueza generada se quedaba en las elites; el conflicto entre todos los grupos sociales era la cotidianeidad. El territorio tenía más de diez mil kilómetros de costas, pero el gobierno español evitaba que se desarrollara una cultura marítima; la población era estable pero la movilidad social, nula: quien nacía pobre estaba condenado a morir pobre. Esa radiografía de 1810 se parece tanto a la del siglo XXI que es difícil creer que hayan existido transformaciones.

Pero hubo una guerra de independencia entre 1810 y 1821, aunque vistas más a profundidad fueron al menos tres guerras distintas. La primera fue encabezada por Miguel Hidalgo, quien comenzó su guerra con vivas al rey de España, nunca dejó claro su proyecto y duró únicamente de 1810 a 1811, cuando fue fusilado. La segunda fue encabezada por José María Morelos, con más proyecto y orden, y duró de 1811 a 1815, cuando también fue fusilado. La tercera fue de 1820 a 1821, encabezada por Agustín de Iturbide, quien había luchado contra los dos anteriores y fue quien terminó con el dominio español y firmó el acta de Independencia.

Juan de O'Donojú, último virrey de Nueva España (en ese momento, el título oficial era Jefe Político Superior) llegó a nuestro suelo desde julio de 1821. El simple hecho de llegar no lo convertía en virrey, tenía que ir a la Ciudad de México y ahí presentar sus documentos ante la Real Audiencia para que le dieran oficialmente el cargo. Pero desde antes de hacer esto, O'Donojú comenzó a informarse de cómo estaba la situación, y al ver que era imposible evitar la independencia, pero que además la independencia que Iturbide buscaba era manteniendo lazos con España, decidió entrevistarse con él y negociar.

Los dos personajes se vieron en Córdoba, Veracruz, y firmaron los llamados Tratados de Córdoba, donde O'Donojú aceptaba la independencia. Pero este tratado era en realidad un pacto personal entre Iturbide y él; para que fuera algo válido, debía de llegar a la Ciudad de México, tomar su puesto oficialmente y entonces recibir a Iturbide y entregarle el mando. Cabe señalar que O'Donojú no tenía dentro de sus facultades oficiales la de aceptar la independencia.

O'Donojú llegó a la capital y fue nombrado Jefe Político Superior el 24 de septiembre de 1821; su mandato duró tres días, en los que simplemente rindió a las tropas españolas que aún peleaban y preparó todo para recibir a Iturbide y sus tropas, a las que se había unido Vicente Guerrero para formar el ejército conocido como Trigarante o de las Tres Garantías: independencia política, la religión como fundamento del país y la unión de todos los mexicanos.

Las tropas desfilaron en paz por la Ciudad de México el 27 de septiembre de 1821 y el 28 se proclamó formalmente la independencia de México y se firmó el acta que aún hacía referencia a un imperio mexicano, y todavía con la idea de entregar dicho trono a Fernando VII o a algún representante suyo. Las palabras finales del discurso de Iturbide eran una esperanza, pero al mismo tiempo una advertencia: "Ya sabéis el modo de ser libres; a vosotros toca el modo de poder ser felices". Pareciera que no hemos aprendido en realidad ninguna de las dos.

Una vez más, no se trata de estar a favor o en contra de algún personaje o de otro. Todos tienen, como humanos que son, luces y sombras. Miguel Hidalgo es un personaje fascinante, desde su personalidad extrovertida e histriónica, su gusto por la buena vida, la buena bebida, el baile, las fiestas y las mujeres, pasando por el hombre ilustrado que fue rector de Colegio de San Nicolás y hasta el cura revoltoso, que por razones nunca claras, levantó a la multitud en armas.

Pero es menester incluir también al rector corrupto que fue destituido por problemas de faldas y de dinero, al sádico que ordenaba por diversión matar españoles, por el delito de ser españoles, usándolos como toros en ruedos taurinos, al déspota que se hizo llamar Alteza Serenísima, al necio que nunca escuchó a Allende y fue derrotado por eso. Todas esas facetas son el mismo cura Hidalgo. Un ser humano en toda su gloria.

José María Morelos es un hombre fuera de serie, pero con unos extremos impresionantes. Es el cura bondadoso que organizaba la economía local de Carácuaro, el ilustrado profesor de latín y gramática, el genio militar que durante años tuvo en jaque a Félix María Calleja, el mejor militar del imperio español, el estadista sensato que decidió proclamar la independencia a través de un congreso, para comenzar a institucionalizar el movimiento, y sacando por primera vez del discurso a Fernando VII, el héroe de mil batallas.

Pero también fue el hombre brutal incapaz de perdonar vidas, incluso de soldados derrotados suplicantes; el necio cuya obsesión por tomar el puerto de Acapulco, cuando no era ni posible ni estratégico, gastó inútilmente a su ejército; el sanguinario que degolló personalmente a cientos de prisioneros, el arrogante que no pudo evitar llenarse de soberbia y mandar a sus tropas a la más desastrosa de sus derrotas en Valladolid, el temeroso que delató a sus hombres, posiciones y escondites cuando fue interrogado por la Inquisición. Ése fue el ser humano llamado José María Morelos.

Agustín de Iturbide era considerado el mejor jinete y espadachín de Nueva España. Es el criollo, aristócrata y terrateniente (igual que Hidalgo) que no quiso sumarse a la causa cuando la vio desorganizada y violenta, pero que la hizo suya cuando vio que podía obtenerse la libertad sin guerra; es el hombre astuto que supo comprender los tiempos y comenzar su propio movimiento de cuando era absolutamente posible obtener la victoria, el político negociador que supo convencer al último gobernante español de entregarle el poder de manera pacífica, el hombre que firmó el Acta de Independencia, el que nos dio la bandera tricolor, el emperador sensato que abdicó a tiempo para evitar la guerra, el aventurero que atravesó a pie desde Roma hasta el Canal de la Mancha y el patriota que murió fusilado estoicamente.

Claro, también es el hacendado que organizó una independencia al amparo de la Iglesia y la Inquisición, para conservar los privilegios de los privilegiados, es el ambicioso que no supo organizar un gobierno incluyente tras obtener la independencia, el conservador que no supo entender los nuevos tiempos y superar la idea de imperio, el arrogante que no quiso negociar la república con Guadalupe Victoria, el sediento de poder que quiso volver a recuperar su trono. Otro ser humano.

No tiene caso discutir a quién debería corresponder el honor de ser padre de la patria. Por decreto y costumbre lo es Miguel Hidalgo, por arrojo y valor debería serlo Morelos, por resultados debería ser Iturbide. Al final una patria no necesita padre, es mucho mejor que tenga hijos... y que éstos no sean soldados. No hubo una misma guerra ni un proyecto común, pero sus tres líderes fueron fundamentales para obtener la libertad. Eso es lo único que importa.

México no es independiente desde 1810, pues el 27 de septiembre de 1821 aún se llamaba Nueva España y dependía de la Corona. El 28 de septiembre se firmó el acta de Independencia del imperio mexicano. Provisionalmente se formó una regencia para gobernar, en espera de ver a quién designaba Fernando VII para ostentar la corona imperial, porque ése seguía siendo el plan de independencia: ser libres de España pero ofrecer la corona a su rey o a algún pariente, eso sí, tanto el emperador como su corte debían de residir en México.

Desde entonces, la inmensa mayoría del pueblo quería que la corona se le entregara a Iturbide; en esa época la monarquía seguía siendo la norma y en Nueva España, que siempre había sido parte de un imperio, nada se sabía de república y democracia. Iturbide fue reconocido por sus contemporáneos como el libertador, y el ¡Viva Agustín Primero! era el grito que se escuchaba por todo el nuevo país.

Iturbide había quedado como presidente de la regencia, pero el trono seguía vacío, y el Plan de Iguala estipulaba un gobierno de monarquía moderada por un congreso. Éramos un imperio sin emperador. La noche del 18 de mayo de 1822 hubo una manifestación popular que llegó hasta las puertas de la casa de Iturbide, hoy conocida como Palacio de Iturbide en la Ciudad de México, pidiendo que se convirtiera en emperador. Dicha manifestación popular, como casi todas en la historia de México y el mundo, estuvo manipulada.

El 19 de mayo se reunió el Congreso, Iturbide manifestó que se sujetaría a lo que decidieran los diputados, representantes del pueblo. En el Congreso se dieron dos alternativas: consultar a las provincias o proclamarlo inmediatamente. Iturbide insistió en la primera opción. Los diputados del Congreso votaron en secreto, el resultado fue de sesenta y siete votos a favor de hacerlo inmediatamente, contra quince por consultar a las provincias. Por deseo popular y por decisión legítima del Congreso, Iturbide fue proclamado emperador.

La coronación se llevó a cabo el día 21 de julio de 1822 en la Catedral Metropolitana, él y su esposa Ana María Huarte fueron nombrados emperador y emperatriz del imperio mexicano. Todo parecía glorioso, pero México se enfrentaba a algo insólito, la libertad. El eterno problema de nuestro país desde entonces era claro, la falta de un proyecto.

Iturbide fue apoyado por caudillos de la etapa de Morelos, como Vicente Guerrero y Nicolás Bravo, que incluso celebraron su coronación y fueron nombrados mariscales del imperio, pero al poco tiempo lo traicionaron y comenzaron a conspirar en su contra. Guadalupe Victoria siempre le dijo a la cara que sería su enemigo y que seguiría luchando hasta que se estableciera una república, tal como había decretado Morelos, y Santa Anna, quien lo apoyó, asistió a su coronación y hasta coqueteó con su hermana; fue el que comenzó a conspirar para derrocarlo.

Iturbide obtuvo la independencia el 27 de septiembre de 1821, fue proclamado emperador en mayo de 1822, coronado en julio de ese mismo año, y abdicó al trono en marzo de 1823. Siempre se nos ha dicho que la guerra de Independencia duró de 1810 a 1821, pero ese dato es inexacto, no sólo porque la guerra entre nosotros prosiguió después de la firma del acta de Independencia, la proclamación de Iturbide, su coronación y su abdicación, sino porque el país que somos hoy, una república supuestamente federal, con el extraño nombre de Estados Unidos Mexicanos, no nació hasta octubre de 1824 de la mano de Guadalupe Victoria.

Pero vayamos al análisis del antes y el después de esta independencia, que hoy resulta ser la primera transformación. Antes de la Independencia, el virreinato era una estructura política, social y legal diseñada para el abuso y la explotación, había racismo y clasismo, mandaba la elite blanca, que eran los dueños de la tierra y de la riqueza; existían diferentes tipos de leyes según la casta, la Iglesia era más poderosa que el propio gobierno y era la propietaria de la mayoría de las tierras productivas, no había libertad religiosa y ser católico era obligatorio.

Para 1824 nada de eso había cambiado. Había caído el imperio y esto era ya una República Federal, más por copia a los Estados Unidos y por influencia del embajador estadounidense, Joel Poinsset, que por decisión propia. Existía una supuesta división de poderes que nunca funcionó; los gobernadores de los estados, recién inventados, se comportaban como caciques; la Iglesia seguía siendo máxima autoridad y mayor propietaria, seguía sin haber libertad religiosa y nadie se molestó por educar al pueblo, que seguía siendo analfabeta y cuyo principal trabajo era ser peón en las haciendas de los blancos.

Sin verdadera educación nunca habrá libertad, y eso no se obtuvo tras la Independencia... ni tras la Reforma o la Revolución, ni la tenemos ahora, ni parece ser un plan a futuro próximo. El pueblo no sabía leer ni antes ni después de la Independencia, ni aprendió tras la Reforma. Hoy sabe leer 93% de los mexicanos... pero no leen, y de hacerlo, no entienden lo leído (dato de la OCDE).

Las leyes seguían siendo las mismas, la injusticia era la norma, los blancos estaban arriba y los diversos colores, de más claro o más oscuro, iban descendiendo en la escala social. El indio seguía sometido, la Iglesia vivía con el máximo lujo, la economía seguía siendo fundamentalmente agrícola; la riqueza, producida siempre desde abajo, se acumulaba arriba y nunca goteaba. Nada cambió en la estructura fundamental tras el proceso de independencia ni en los primeros treinta años de libertad.

No cambió nada en la estructura legal, religiosa o social, y los cambios en la estructura política, uno tan importante como pasar de ser reino a república, nada significó en la vida del ciudadano promedio. Eso fue así porque nada cambió en los patrones de conducta y condicionamientos psicológicos, nada cambió en la actitud de los ahora independientes mexicanos. Nada cambió, porque los creadores de la Independencia, la elite aristócrata, no quería que nada cambiara; pretendían liberarse ellos de España, pero no liberar al indio mexicano de su servidumbre.

Como nada cambió en la realidad cotidiana y los débiles gobiernos que se derrocaban unos a otros eran incapaces de controlar el territorio, poner orden o hacer cumplir la ley (más o menos como hoy), y como no existía ningún tipo de pacto social que no fuera la represión, México terminó sus once años de guerra de Independencia, más tres años de guerra para ser república... y la guerra interna nunca cesó.

Guadalupe Victoria fue electo por el Congreso como primer presidente de México, de 1824 a 1829, el único hasta la llegada de Juárez en lograr terminar un periodo presidencial. Victoria organizó la primera elección democrática, la cual se convirtió en el primer golpe de Estado, cuando tuvimos al primer candidato democráticamente derrotado que no aceptó su derrota: Vicente Guerrero, quien desconoció la elección y, con el apoyo de su amigo Antonio López de Santa Anna, de esas amistades que hoy no comentan, levantó en armas al pueblo.

Cuando Hidalgo comenzó su movimiento lo hizo incitando al robo y al saqueo de españoles, promoviendo el rencor social, sacándolo de lo más profundo de las represiones del pueblo, fue así como se hizo de ochenta mil seguidores. Morelos prohibió las venganzas y los saqueos, y nunca tuvo a más de ocho mil con él. Iturbide habló de unidad entre todos los que habitaban el país, fueran americanos, europeos, negros o asiáticos.

Guerrero fue otro que tomó el camino del rencor, la venganza y el miedo, y ante el fracaso de su improvisado gobierno decidió tomar una medida populista: la expulsión de todos los españoles, lo cual significó división de familias, olas de saqueos y la primera fuga de capitales del país. Gobernó de abril a diciembre de 1829, cuando fue desconocido por el Congreso, que lo declaró incompetente para gobernar.

Comenzó el periodo donde los gobiernos duraron pocos años, pocos meses, pocas semanas e incluso pocos días. Cincuenta gobiernos tuvo este país en treinta años, incluyendo las once idas y venidas de Santa Anna, entre 1833 y 1855, y que aun así no sumaron ni cinco años de gobierno. Todos estos conflictos causados por la ambición de poder tuvieron al pueblo en un estado de guerra perpetuo.

Nuestra incapacidad de dialogar y llegar a acuerdos nos generó desde entonces muchas pérdidas. Cuando México nació como imperio en 1821, tenía cinco millones de kilómetros cuadrados, desde California hasta Panamá. Para 1823 las provincias centroamericanas se separaron del país, en 1835 Texas declaró su independencia, en 1838 los franceses tomaron Veracruz, en 1846 comenzaron los conflictos que se convirtieron en guerra contra Estados Unidos y para 1848, tras perder esa guerra, viene la famosa pérdida de poco más de dos millones de kilómetros cuadrados. Antes de cumplir treinta años ya habíamos perdido más de la mitad del territorio, podemos seguir culpando a Santa Anna o a los gringos, como siempre, y seguir sin aprender de nuestro pasado.

En diciembre de 1829 el gobierno de Guerrero es derrocado por Anastasio Bustamante; en 1833, Santa Anna derroca a Bustamante y coloca en la presidencia a Manuel Gómez Pedraza, quien a los tres meses le entregó el poder a Santa Anna, quien de inmediato lo delegó en Valentín Gómez Farías, quien comenzó reformas anticlericales que hicieron que la Iglesia pidiera el regreso de Santa Anna. Así comenzaron los ires y venires de don Antonio.

Santa Anna dominó la escena política entre 1833 y 1855, con presidencias de pocas semanas o pocos meses, alguna de un año, y una dictadura vitalicia que le duró dos años. Los desvaríos de sus gobiernos y sus excesos evidentemente nos tuvieron en guerra constante y causaron una militarización del país. En 1810 las tropas virreinales no eran más de diez mil elementos, el ejército triunfante de Iturbide era de catorce mil; para 1848 había unos ochenta mil soldados, pues sólo el ejército era sostén del poder, y era por lo tanto el único trabajo donde la paga era segura.

En 1847, con México invadido por Estados Unidos, Benito Juárez llegó por primera vez en su vida a la capital del país para asumir su curul como diputado electo por Oaxaca, pero a causa de la invasión el Congreso no pudo instalarse y Juárez volvió a su estado, donde fue nombrado gobernador interino. Cuando Santa

Anna intentaba huir del país por territorio oaxaqueño, Juárez le impidió el paso.

Benito Juárez era muy rencoroso y para entonces ya tenía rencillas con Santa Anna, quien también era vengativo, y al volver a México en 1853, en calidad de dictador, expulsó a Juárez del país. Fue cuando don Benito hubo de huir a Cuba y a Nueva Orleáns, donde conoció a Melchor Ocampo mientras trabajaban elaborando puros. En 1854 Juárez volvió a México para sumarse a la sublevación que Juan Álvarez había comenzado contra Santa Anna.

Juan Álvarez era un sobreviviente de la insurgencia de Morelos, para este momento tenía 64 años y era el gran cacique del estado de Guerrero. Él decidió apoyar a Ignacio Comonfort, administrador de la aduana de Acapulco, en el levantamiento contra Santa Anna conocido como Plan de Ayutla.

El viejo dictador salió huyendo, Álvarez tomó el poder y nombró un gobierno formado por liberales, entre ellos Benito Juárez. Fue así que comenzaron a cocinarse las Leyes de Reforma, la nueva Constitución y la modernización que el país requería urgentemente... la cual, evidentemente, sólo pudo hacerse por el camino de la guerra, una sangrienta guerra de tres años que, sumada a la intervención francesa y el imperio de Maximiliano, resultó en diez años de conflicto.

En 1855, con una nueva constitución, Ignacio Comonfort fue electo presidente de México y Benito Juárez presidente de la Suprema Corte. Cuando el propio Comonfort desconoció la Constitución, en 1857, Juárez se convirtió legalmente en presidente. Como nada había cambiado en México en treinta años de vida independiente, Juárez tenía frente a sí el reto de la modernización, esa que ahora se llama segunda transformación. Pero la guerra civil ya había comenzado.

PATRONES Y CONDICIONAMIENTOS:
EL ETERNO RETORNO DE LO IDÉNTICO

Salgamos un momento de la historia y volvamos a eso de la mentalidad colectiva. ¿Por qué un pueblo es como es?, ¿por qué los países tienen personalidad?, ¿por qué los habitantes de un territorio repiten una forma de ser a lo largo incluso de generaciones hasta crear esa personalidad? ¿Por qué los alemanes no dejan de ser disciplinados y los ingleses puntuales?, ¿por qué los franceses no dejan de ser arrogantes y los italianos desordenados?, ¿por qué hay países corruptos y países honestos?, ¿por qué algunos pueblos progresan y otros fracasan?

La respuesta es siempre la misma: porque repiten sus patrones de conducta y se transmiten de generación en generación sus condicionamientos psicológicos, sus valores y sus ideas, su forma de ver el mundo y de enfrentarse a él. Cada generación aprende de la anterior y se lo transmite a la siguiente. Aprendemos de un sistema educativo, de la familia y de nuestro entorno. Aprendemos y repetimos, lo hacemos como individuos y por lo tanto lo hacemos como pueblos.

Si te enseñan las teorías y los valores sobre la honestidad, la honradez, la responsabilidad y la disciplina, y además eso es lo que vives en tu entorno, entonces aprendes que eso es correcto y congruente. Si aprendes valores en teoría, pero en tu vida cotidiana y social no ves la aplicación de esos valores, o ves que esa aplicación de valores no funciona, entonces aprendes que romper las reglas es bueno, o por lo menos lo normal.

Es importante detenernos en el concepto de lo normal. Lo *normal* y lo *bueno* no tienen nada que ver, no son sinónimos. Lo normal es lo que se adecua a la norma, y la norma la va estableciendo la sociedad. Una sociedad violenta, agresiva y enferma convierte eso en la norma y por lo tanto en lo normal, pero no por eso es bueno. Normalizamos lo que aprendemos en la vida cotidiana, por eso en México hemos normalizado la violencia y el conflicto. Por eso es normal ser macho, ser cabrón, ser gandalla, porque eso hemos aprendido. Por eso somos cada vez más insensibles a la violencia: porque es lo normal. Pero no está bien.

Decía Aristóteles que una sociedad virtuosa genera individuos virtuosos y una sociedad viciosa produce individuos viciosos. Es muy simple. Si la disciplina, la honradez y el trabajo dan buenos resultados, y toda la comunidad está comprometida con esos valores, eso aprendes, eso repites y eso se convierte en tu normalidad. Si la honestidad no es valorada, si el que rompe las leyes obtiene mejores resultados que quien las respeta, si la gandallez da mejores frutos que la colaboración, si la violencia y no el diálogo resuelven tus problemas… eso aprendes, eso repites y eso se convierte en tu normalidad.

Todo lo que una comunidad hace, piensa y construye es cultura, y transmitimos esa cultura de generación en generación. Podemos transmitir una cultura de paz o una de violencia, una de colaboración o de competencia, una de honestidad o una de corrupción. Sí, puede resultar políticamente incorrecto decirlo, pero en efecto, la corrupción en México es un tema cultural. Hemos creado, desarrollado, transmitido y perpetuado una cultura de la corrupción, así como una cultura de violencia, de discriminación, de intolerancia. Eso tenemos en México el día de hoy y no es resultado de la generación espontánea, es lo que nos hemos enseñado a lo largo de siglos.

Desde el inicio de la civilización, hace unos seis mil años, hasta los inicios del siglo XIX, la población mundial había crecido siempre de manera muy lenta y paulatina. Éramos un millón de humanos en el planeta alrededor del 10 000 a.e.c, y éramos tan sólo doscientos millones diez mil años después, en el año 1. Mil años después sólo éramos trescientos millones, y fue alrededor de 1815 cuando llegamos a mil millones... cien años después éramos casi dos mil millones, y esa cantidad se multiplicó por tres en sólo cien años más.

Esto es importante porque, si transmitimos todo de generación en generación, y en las últimas cuatro generaciones hemos crecido más que en toda la historia, eso significa que cada vez le trasmitimos cultura, patrones y condicionamientos a un mayor número de personas. En el caso de México, éramos un millón de habitantes para 1650 y unos seis millones cuando comenzó el proceso de independencia. Los valores, ideas, prejuicios y rencores de esos seis millones son resultado de lo que se transmitió a lo largo de los ciento cincuenta años anteriores.

El México recién nacido en 1821 apenas llegaría a cinco millones, por todos los que murieron o huyeron durante el proceso bélico de la independencia. Esos cinco millones están divididos en clases, en castas, en gremios y ya tienen sus ideas, valores y concepción del mundo, visión que transmitirán a las siguientes generaciones. Para 1900 había unos catorce millones y toda su visión del mundo es la que fueron heredando de los cinco millones de cien años atrás. Para el año 2000 éramos más de cien millones, la población se multiplicó casi por seis en un siglo y con ellos se multiplicaron los patrones de conducta y los condicionamientos.

Vayamos a 1824, cuando nace la República Federal que hoy somos. La población era de casi siete millones de habitantes, de los cuales había alrededor de setenta mil españoles peninsulares y un millón de criollos, alrededor de dos millones de mestizos, pasando por toda la pintura de castas, poco menos de cuatro millones de indígenas y unos diez mil negros.

Todas estas distintas clases sociales son resultado de lo ocurrido durante el virreinato. En ese periodo se fue gestando una sociedad racista que enseñó racismo a sus descendientes, una sociedad inequitativa que trasmitió y normalizó la inequidad, una sociedad intolerante que transmitió intolerancia. Durante el virreinato nunca hubo un pueblo, sino que cada estrato social vivía casi por separado, y evidentemente se enseñaron y transmitieron diferentes cosas, pero nunca una idea de comunidad o pueblo.

Los blancos se fueron enseñando generacionalmente que eran superiores y tristemente los indios se fueron transmitiendo sumisión y conquista; los diversos mestizos se fueron transmitiendo rencor y odio. Los de arriba se enseñaron y transmitieron que era normal estar arriba y que ahí sólo hubiera lugar para blancos; los de abajo se transmitieron, con apoyo de la Iglesia, que era normal estar abajo, y que en ese abajo estaban los de diversos colores.

Cada "mirrey" que hoy se comporta con arrogancia, indolencia y altanería, es resultado de lo que varias generaciones de sus ancestros se han ido enseñando y transmitiendo. Cada indígena que hoy le dice patrón o patroncito a cualquier blanco, es el triste resultado de lo mismo. Cada odio, cada rencor, cada idea, cada trauma y cada complejo, todo lo que hoy somos, es resultado de lo que nos hemos estado enseñando y transmitiendo de generación en generación durante siglos.

Somos lo que hemos hecho de nosotros mismos, la historia que nos hemos contado, los mitos y traumas que hemos generado y regenerado, los patrones de conducta y condicionamientos psicológicos que hemos repetido inconscientemente. Somos nuestra propia creación colectiva. Si somos lo que somos como producto de lo que nos hemos enseñado y transmitido, resulta evidente que la única forma de transformarnos es comenzar a enseñar y transmitirnos cosas diferentes.

Todo lo anterior nos lleva a lo que sabíamos desde el principio de manera intuitiva, sin necesidad de hacer estas reflexiones: la única forma de transformarnos, como individuos y como país, es la educación. Necesitamos una educación que nos enseñe a pensar, cuestionar, analizar y razonar, una educación que nos enseñe inclusión y respeto, equidad, colaboración. Una educación que nos haga mundiales y no nacionales, que nos haga humanos y no ciudadanos; una educación igual para todos los colores y estratos sociales.

Necesitamos una educación de perdón y no de venganza, de integración y no de segregación, de compasión y respeto y no de juicio; de empatía y sensibilidad. Pero cómo nos vamos a educar en lo que no sabemos, dado que no lo hemos aprendido; cómo vamos a enseñarnos valores que no profesamos o simplemente desconocemos, cómo nos vamos a enseñar a cambiar si siempre nos hemos repetido, quién puede despertar a los dormidos si también duerme, cómo nos vamos a transformar desde lo mismo. Cómo vamos a dejar de repetir lo que somos si somos incapaces de dejar de mirarnos el ombligo.

Sólo cada individuo puede despertar, hacerse consciente, mirar más allá de sí mismo. Sólo el individuo despierto, por lo menos consciente de que está dormido, es capaz de transformarse. Sólo cada uno de nosotros puede comprometerse con su propia transformación individual, pero para eso tiene que estar consciente de que lo que hoy somos y tenemos no va a llevarnos a ningún lado.

La misma clase política de siempre, con los vicios y ambiciones de siempre, aunque se cambien de color y se maquillen la ideología, no tiene forma de generar una transformación, y dado que la clase política surge del pueblo, volvemos a la imperiosa necesidad de transformar a los individuos del pueblo. El problema, desde luego, reside en que la mejor forma de transformar a los individuos es desde la verdadera educación, y ése es un proyecto que normalmente tiene que venir de la clase política. Estamos metidos en el gran círculo vicioso que nos encierra en el eterno retorno de lo idéntico. Somos lo que hemos hecho de nosotros, y no estamos haciendo nada diferente.

SEGUNDA TRANSFORMACIÓN:
REFORMA E INTOLERANCIA

La llamada Guerra de Reforma enfrentó a dos bandos de mexicanos, liberales y conservadores, entre 1858 y 1861. Ésas son las fechas de la guerra, pero el enfrentamiento entre esos dos bandos venía desde antes y se prolongó mucho después; de hecho no ha terminado. El proceso de independencia tiene varios rostros, el de la Reforma, aunque tiene varios protagonistas, que ha sido reducido por nuestra narrativa histórica a un solo rostro de piedra: el de Benito Juárez.

Juárez es todo lo que dicen de él, todo lo bueno y todo lo malo, mejor dicho, sus luces y sombras, sus errores y aciertos. Era el líder del bando liberal, y dado que los liberales ganaron la guerra, se ha construido esta narrativa en la que todos los conservadores son malos. Juárez fue quizá un gran patriota; su contraparte en este conflicto, Miguel Miramón, también lo fue. Sólo tenían distintas visiones de la patria y de lo que era bueno para ella. Ninguno de los dos sabía escuchar y dialogar.

Juárez sí es ese impresionante ser humano que salió de la sierra y cambió su destino, sí es el liberal ilustrado y el defensor de la patria, sí es el paladín que se enfrentó a la poderosa Francia, a Napoleón III y a los Habsburgo para salir victorioso, sí es el republicano que se impuso al imperio, sí es el adelantado que tuvo una visión progresista de México, sí es el modernizador, sí es el personaje dinámico e incansable. Sí es el valiente que jamás se rindió, que no se doblegó ante nada y que fue leal a su proyecto de nación.

También es todo lo demás: el dictador que gobernó quince años sin ganar una elección popular y por encima de la Constitución que él mismo impuso; el hombre necio y obstinado incapaz de reconsiderar, el radical dispuesto a ir a la guerra antes que ceder, el político astuto que se alió con los estadounidenses para poder triunfar, el que negoció el tratado McLane-Ocampo en el que cede territorio nacional a los gringos a cambio de su apoyo, el sanguinario que pasó la noche junto al cadáver de Maximiliano y el indolente que fue incapaz de perdonarlo.

Es el gran estadista que supo jugar sus cartas y comprender los tiempos, el hombre que se obsesionó con el poder, el defensor de la república y el indio rencoroso, es el ideólogo comprometido y el político necio, el impulsor de una democracia que nunca respetó y el promotor de una gran constitución que no siguió. Es el hombre que puso en su lugar a la Iglesia y también el que destruyó a comunidades indígenas enteras. Es un ser humano y un hombre de su tiempo.

Lo mismo pasa con Miguel Miramón, el niño héroe que defendió Chapultepec de los estadounidenses y también el último defensor de Maximiliano, el patriota que amaba a México y también el conservador recalcitrante incapaz de ceder en sus posturas religiosas. Maximiliano es el emperador impuesto por Napoleón III y también el hombre que cambió Austria por México y se comprometió con el que asumió como su nuevo país. Díaz sí es el dictador de treinta años y también el que derrotó el imperio de Maximiliano y encauzó a México en el camino del progreso. Es momento de soltar la historia de blanco y negro.

Retomemos desde un poco antes para comprender la historia de la Reforma. Tras la derrota de México ante Estados Unidos, Santa Anna huyó del país en 1848 y se exilió en Colombia, y aunque eso parecía el final de su carrera política, don Antonio era más del tipo del "político que llegó para quedarse" y en 1853 un grupo de conservadores lo trajo de regreso. Fue cuando se hizo llamar Alteza Serenísima y se estableció en calidad de dictador vitalicio. El gusto le duró dos años; fue su gobierno más largo, más caótico y más opulento, en el que tuvo que cobrar impuestos por pasear perros o tener ventanas, para poder cubrir sus gastos.

En 1854 un grupo de liberales liderados por Ignacio Comonfort, con el respaldo militar de Juan Álvarez, el último insurgente con vida, decidió desconocer a Santa Anna a través del Plan de Ayutla, que proponía derrocar al dictador, formar un nuevo gobierno, convocar a elecciones, crear un congreso liberal y formar una nueva constitución que diera orden democrático y republicano al país.

Juan Álvarez tomó Acapulco y avanzó sin problemas hasta Cuernavaca. Con las tropas rebeldes tan cerca de la capital y viendo que no había forma de derrotarlas, Santa Anna salió huyendo el 13 de agosto de 1855 y dejó la presidencia, ahora sí por última vez. Las tropas de Álvarez, a las que ya se había sumado Benito Juárez (llegado desde Nueva Orleáns vía Panamá), no habían llegado a la Ciudad de México, en donde se formó un gobierno provisional al mando de Martín Carrera.

Carrera era un hombre moderado que intentó evitar mayores conflictos y llamar a la negociación a liberales y conservadores por el bien de la patria. Pero en un país de radicales los moderados son traidores, y el llamado fue desechado. Martín Carrera renunció decepcionado el 12 de septiembre y el comandante militar de la Ciudad de México, Rómulo Díaz de la Vega, se sentó en la silla presidencial desde ese día hasta el 4 de octubre, cuando Juan Álvarez, declarado presidente en Cuernavaca, le notificó que marcharía sobre la ciudad. Díaz de la Vega renunció.

Álvarez gobernó del 4 de octubre al 11 de diciembre de 1855. No tenía la intención de quedarse en el poder, así que lo que hizo fue formar un gabinete liberal en el que incluyó a Melchor

Ocampo, Benito Juárez e Ignacio Comonfort; reunió a un congreso liberal para redactar una nueva constitución y renunció a la presidencia, que dejó en manos del ministro de guerra, Ignacio Comonfort. Una verdadera revolución que marcó el fin de una era marcada por Santa Anna, por la Iglesia, por un México que apenas aprendía a ser independiente.

Lamentablemente la imposición de un proyecto modernizador y liberal se enfrentó a muchos obstáculos; no sólo la Iglesia, los conservadores o los aristócratas: quien más se opuso a la modernización, la industrialización, la igualdad, la supresión de fueros y todo el avance que representaba el proyecto liberal, fue el propio pueblo, que salió a las calles al grito de ¡Religión y fueros! El pueblo mexicano anclado a su pasado colonial. Así es esto de la repetición de patrones.

Han pasado treinta años desde la Independencia y por primera vez hay un relevo generacional en la clase política, que hasta entonces había estado marcada por el conflicto entre insurgentes e iturbidistas, pero donde siempre habían predominado los conservadores. Es lógico, el México independiente fue gobernado al principio por hombres que nacieron y crecieron en Nueva España, y ésa era la estructura elemental que conocían.

El relevo generacional y la llegada de los liberales y modernizadores se dio cuando el poder fue quedando en manos de personas que crecieron en el México libre, como Benito Juárez, nacido en 1806, Miguel Lerdo de Tejada e Ignacio Comonfort en 1812, Melchor Ocampo en 1814, Sebastián Lerdo de Tejada y José María Iglesias en 1823.

Así como el proceso de independencia no tuvo nada de liberal y más bien fue llevado a cabo por las elites conservadoras, el Partido Liberal Mexicano sí fue inspirado por las revoluciones estadounidense y francesa. Los liberales mexicanos del siglo XIX buscaban reemplazar el antiguo régimen que aún estaba basado en ideas monárquicas y virreinales, el privilegio corporativo y la restricción colonial, con una república federal basada en instituciones representativas que permitieran el desarrollo de una sociedad civil.

Para esta nueva generación política, los lineamientos principales de su liberalismo eran: cambios en la estructura socioeconómica para promover la igualdad y justicia social, igualdad ante la ley de todos los ciudadanos, sin importar su origen étnico, laicismo, supresión de fueros, gobierno republicano y federal, sumarse a la Revolución industrial, al liberalismo y al capitalismo, promover la responsabilidad ciudadana y establecer libertades civiles.

Es decir, esta generación de políticos liberales pugnaba por una total reforma del Estado, y la base de dicha reforma sería la Constitución que debía elaborar el Congreso convocado por Álvarez, así como una serie de leyes promovidas por Juárez, conocidas como las Leyes de Reforma.

Ignacio Comonfort, autor intelectual de la revolución de Ayutla, asumió como presidente interino el 11 de diciembre de 1855; fue bajo su mandato que se redactó y promulgó la Constitución liberal, en febrero de 1857. Con ese marco constitucional se convocó a elecciones para el periodo que comenzaría el 1° de diciembre de ese año. Comonfort ganó la elección presidencial y Benito Juárez fue electo presidente de la Suprema Corte. Se convertían en los dos hombres más importantes del país.

La Iglesia, la aristocracia y una buena parte de la clase política desconocieron la Constitución desde el principio; la Iglesia de hecho invitó al pueblo a desobedecerla y declaró excomulgado al que la aceptara. Fue así como la Iglesia y la aristocracia comenzaron a gestar una nueva guerra de mexicanos contra mexicanos.

La nueva Constitución quizá era buena, quizá no, tal vez era radical, tal vez no lo era… el tema es que no fue derivada del diálogo y el consenso. Los liberales habían ganado la Revolución de Ayutla y, victoriosos como se sentían, jamás consideraron dialogar y negociar con los conservadores, que eran por lo menos la mitad de la clase política. Pero claro, nadie que toma el poder en una revolución lo hace para negociar: en las revoluciones se impone.

La situación fue compleja y, al estilo mexicano, llena de traiciones. Félix María Zuloaga había dicho a Comonfort que tenía tropas dispuestas a dar un golpe de Estado contra la Constitución, pero no contra él como presidente; le prometió que, si él mismo como presidente desconocía la Constitución y convocaba a redactar una nueva, lo respetaría en el poder. Con las tropas amenazando la ciudad, el miedo a la guerra y el temor a la excomunión, y por lo tanto al infierno, Comonfort aceptó. Así que fue presidente interino por dos años, de diciembre de 1855 a diciembre de 1857, pero presidente constitucional sólo por diecisiete días. Tomó el poder el 1º de diciembre, juró la nueva Constitución y después, presionado por su amigo conservador, Félix María Zuloaga, y amenazado por la Iglesia con excomulgarlo a él y a su madre, Comonfort desconoció la Constitución el 17 de diciembre. Básicamente dio un golpe de Estado contra su propio gobierno.

Don Ignacio trató primero de convencer a Juárez de aceptar la situación, de negociar con los conservadores y elaborar una nueva constitución con la que ellos estuvieran de acuerdo. Él evidentemente no aceptó, por lo que Comonfort lo arrestó, sin argumentar cargo alguno, simplemente para que no estorbara en ese autogolpe de Estado. Zuloaga lo traicionó, ya que no cumplió con su palabra, no lo reconoció como presidente y se autonombró como tal.

Las tropas conservadoras de Zuluaga comenzaron a entrar en la Ciudad de México, fue entonces cuando Comonfort reconoció su error, liberó a Benito Juárez en enero de 1858, y lo reconoció como presidente interino. Todo lo que podía hacer Juárez en ese momento era organizar la huida de la capital, llevando con él la Constitución y las Leyes de Reforma. Así comenzó la guerra civil en México.

A partir de ese momento hay una doble presidencia. Los políticos y gobernadores leales a la Constitución asumen como presidente a

Benito Juárez, mientras que los conservadores reconocerán a Zuluaga, quien fue presidente a lo largo de 1858, y después, tras una serie de conflictos y sustituciones en el propio bando conservador, fue sustituido por Miguel Miramón, presidente para los conservadores de febrero de 1859 a agosto de 1860.

¿Cuáles son esas leyes e ideas modernas que tanto asustaron a la aristocracia y la Iglesia? Nada que hoy sea fuera de lo común, pero en su tiempo eran una revolución, pues quitaban los privilegios a los privilegiados y hacían a todos los mexicanos iguales ante la ley… esas bonitas teorías que sostenemos desde entonces hasta hoy, aunque nunca se hayan aplicado en la realidad.

Son un conjunto de leyes que declaran la abolición de fueros, un registro civil en manos del Estado, que será el que lleve el control de nacimientos y defunciones, que hasta entonces era tarea de la Iglesia; matrimonio civil, administración de cementerios, libertad de culto y la desamortización de bienes de manos muertas; es decir, que el Estado tuviera el derecho de rematar bienes de personas o corporaciones que estuvieran improductivos. Con ello se despojó a la Iglesia… y a las comunidades indígenas de autoconsumo.

Así pues, los conservadores se apoderaron de la Ciudad de México y Juárez buscaba escapar a Veracruz, donde además de ser reconocido como presidente, tenía la principal aduana y fuente de ingresos, pero las vicisitudes de la guerra lo obligaron a entrar en la zona más conservadora del país, como Querétaro y Guanajuato, hasta que, perseguido por tropas enemigas, llegó a Guadalajara.

El 13 de marzo de 1858 estuvo a punto de ser fusilado sin juicio de por medio por un grupo de soldados que lo atrapó; es cuando cuentan que Guillermo Prieto se interpuso entre ellos y Juárez y les dijo: "¡Señores, los valientes no asesinan!" Don Benito logró escapar y llegar al puerto de Manzanillo, donde cometió un gran error; el 11 de abril salió de Manzanillo hacia Panamá, para de ahí seguir a La Habana, luego a Nueva Orleáns, donde pidió

99

apoyo de Estados Unidos, y embarcarse a Veracruz, a donde llegó al 4 de mayo de 1858.

Es error en un sentido: Juárez se amparaba en la Constitución, que efectivamente le otorgaba la presidencia a él, en su calidad de presidente de la Corte, una vez que el presidente Comonfort renunció. Benito Juárez tenía la razón legal y constitucional de decirse presidente de México. Pero la misma Constitución también decía que si el presidente salía del país sin permiso del Congreso, perdía en ese momento su investidura. Eso fue lo que hizo Juárez en Manzanillo, dejar el territorio nacional y perder su investidura. Evidentemente, no es que tuviera opción.

A partir del 4 de mayo de 1858 Juárez quedó instalado en Veracruz, donde estaba seguro, y donde de ser necesario tenía una vía marítima de escape. La guerra seguía y el dinero religioso hacía que los conservadores, que contaban con los militares de carrera, fueran ganando la guerra. Pero todo cambió el 6 de abril de 1859, cuando Juárez obtuvo el reconocimiento de los Estados Unidos.

En ese momento, Miguel Miramón, nuevo presidente conservador, en sustitución de Zuloaga, supo que su guerra ya no era contra los liberales mexicanos, sino contra Estados Unidos, una guerra imposible de ganar. Tan seguro estaba ya Juárez de su futura victoria, que en junio de 1859 promulgó las Leyes de Reforma, que comenzaron a aplicar en Veracruz y otros Estados que reconocían su gobierno.

Pero por qué estaba Juárez tan seguro de la victoria. No hay que olvidar que antes de Veracruz pasó por Estados Unidos. Fue ahí donde negoció el apoyo de aquel gobierno, para lo cual se redactó el famoso —y siempre callado— Tratado McLane-Ocampo, en el que el gobierno de Juárez cedía soberanía y territorio nacional a Estados Unidos. Eso ni siquiera tiene caso discutirlo ni habría que defender lo indefendible, el texto del tratado se puede leer hoy en día y es muy claro: Juárez cedía territorio.

El acuerdo fue firmado por William McLane como embajador de Estados Unidos ante el gobierno de Juárez, al que reconocían como legítimo, y Melchor Ocampo, representante de México; fue ratificado por el Congreso mexicano que Juárez tenía instalado en Veracruz... y, afortunadamente para la figura histórica de Juárez, no fue ratificado por el Congreso de Estados Unidos.

Por cierto que los estadounidenses también habían propuesto las mismas condiciones a Miramón a cambio de reconocimiento, condiciones que él rechazó, aunque una delegación de políticos conservadores ya estaba en Europa buscando apoyo. Dicho como es, era una guerra por el poder, y los dos bandos estaban dispuestos a ceder territorio, riqueza o soberanía, a Europa o a Estados Unidos, con tal de ganar.

El tratado McLane-Ocampo concedía a Estados Unidos tres derechos de paso a perpetuidad por territorio nacional: de Guaymas a Nogales, de Tamaulipas a Mazatlán y el Istmo de Tehuantepec. Para muchos liberales el acuerdo significaba el inicio de protectorado sobre México, lo cual no veían como algo peyorativo sino como el comienzo de una era de progreso.

Hay otro detalle que subyace aquí y es el hecho de que, tanto liberales como conservadores, estaban convencidos de que era imposible que el pueblo mexicano se gobernara a sí mismo, o que un mexicano pudiese gobernar a un mexicano. Ambos bandos estaban convencidos de que era necesario que alguien más se hiciera cargo de ponernos en orden: Juárez creía que debía ser Estados Unidos, los conservadores que debía ser Europa. Tenían claro que no podíamos solos.

Benito Juárez tuvo suerte, o quizá era un gran visionario político, porque Estados Unidos comenzó su guerra civil, el tratado no fue ratificado por aquel gobierno y por lo tanto no entró en vigor. También es importante decir que aquel Estados Unidos del siglo XIX era muy diferente al de hoy, y que en efecto Juárez veía a ese país como símbolo de progreso. El punto es entender que no hay buenos ni malos, sino interpretaciones históricas, circunstancias, y narrativas diseñadas por los vencedores.

En diciembre de 1860 Jesús González Ortega derrotó a Miguel Miramón y entró triunfante a la Ciudad de México el 1° de enero de 1861 al mando de veinticinco mil hombres, y preparó la ciudad para el regreso de Juárez, quien arribó el día 11. En general se toma esta fecha como el fin de la Guerra de Reforma, pero en realidad fue sólo un periodo de relativo descanso, ya que guerrillas conservadoras y liberales siguieron enfrentándose a lo largo de 1861, y para 1862 los conservadores atacaban de nuevo con apoyo de tropas francesas, en un momento en que Estados Unidos, al estar en guerra civil, no podía ayudar a Juárez.

El 17 de julio de 1861, Juárez declaró de forma unilateral la suspensión de pagos de la deuda externa por dos años a los principales acreedores de México, que eran Inglaterra, Francia y España. Para ese tiempo, los grandes líderes conservadores ya estaban en Europa negociando apoyo para establecer una monarquía y la moratoria de Juárez dio el pretexto para una invasión que ya estaba pactada con Francia. Esto es el preludio del imperio de Maximiliano y el contexto de la nunca bien explicada Batalla de Puebla, donde se gana una batalla, pero no la guerra.

La Guerra de Reforma como tal fue de enero de 1858 a enero de 1861, desde que Juárez tiene que huir de la capital hasta que logra regresar, con un gobierno reconocido por los Estados Unidos. Pero desde 1859 había una delegación de políticos conservadores buscando apoyo europeo para establecer una monarquía en México; como en ese entonces el hombre más poderoso de Europa era el emperador francés Napoleón III, fue con él con quien se acercaron, y fue él quien propuso como candidato a Maximiliano de Habsburgo, archiduque de Austria.

Maximiliano era hermano del emperador austriaco, muy alejado de la línea sucesoria y poco interesado en los asuntos políticos. Era un hombre ilustrado, masón liberal y de ideas bastante progresistas, pero le llamaba más la idea de estar en su jardín botánico o en su observatorio astronómico de su castillo de Miramar, en el golfo de Trieste, que ocuparse de asuntos banales como gobernar.

Al castillo de Miramar fue un grupo de "notables mexicanos" encabezados por el hijo de José María Morelos, Juan Nepomuceno Almonte, a ofrecerle lo que llamaron románticamente "el trono de Moctezuma". Napoleón III le ofrecía su apoyo y hasta lo presionaba para irse, a su esposa Carlota de Bélgica le gustaba la idea de ser emperatriz, el rey de Bélgica también ofreció su apoyo y así fue como comenzó la terrible aventura mexicana de Maximiliano.

Pero para aceptar el trono, el Habsburgo puso dos condiciones: que hubiera apoyo de las tropas francesas para formar el nuevo imperio y que fuera voluntad del pueblo mexicano ser gobernado por él. Napoleón III había ofrecido veinticinco mil soldados franceses y los conservadores le entregaron a Maximiliano firmas y cartas que supuestamente demostraban la voluntad de los mexicanos. El 10 de abril de 1864, Maximiliano de Habsburgo aceptó convertirse en emperador de México, comenzó su viaje y llegó al puerto de Veracruz el 28 de mayo.

¿Qué había ocurrido en México durante ese tiempo? Juárez había recuperado la capital en enero de 1861, declaró esa suspensión de pagos en julio y se vio invadido por tropas de Inglaterra, España y Francia en enero de 1862, que llegaron a cobrar, por lo menos a asegurarse de que habría pago.

Tropas de los tres países llegaron a Veracruz, pero se habían comprometido entre ellos a no invadir sin primero negociar. El gobierno de Juárez envió a un interlocutor, Manuel Doblado, quien les aseguró a los acreedores que se reconocía la deuda y sólo se pedían nuevos plazos para pagar. Las flotas de Inglaterra y España se retiraron, pero las de Francia, que ya habían negociado la invasión con los conservadores, comenzaron a avanzar tierra adentro.

Los franceses avanzaron rumbo a la Ciudad de México, ése es el contexto de la batalla de Puebla, donde en efecto, las armas mexicanas se cubrieron de gloria y derrotaron a los franceses el 5 de mayo. El punto es que los franceses se replegaron a Córdoba y pudieron mantenerse allí por un año, en lo que llegaron treinta mil refuerzos enviados por Napoleón III. Las tropas invasoras avanzaron de nuevo hacia la capital, llegaron a Puebla en marzo de 1863, derrotaron al ejército mexicano y siguieron su avance hasta la Ciudad de México.

Una vez más, Juárez tuvo que salir con su gobierno de la capital y viajar hacia el norte, hasta que terminó replegado en Paso del Norte, hoy Ciudad Juárez. Con los franceses ocupando la capital y las principales ciudades, y Juárez en la frontera, es que llegó Maximiliano.

Los conservadores debieron darse cuenta desde el principio de que Maximiliano no era la persona más adecuada para sus planes, ya que no era nada conservador sino bastante liberal, lo que se notó desde que solicitó que fuera voluntad del pueblo mexicano ser gobernado por él. En su camino a México se entrevistó con el papa, quien le exigió devolverle sus derechos a la Iglesia y derogar las Leyes de Reforma, a lo que él se negó, e incluso le escribió a Juárez para invitarlo a su gobierno. Ya en México y coronado, despidió a los ministros conservadores, trató de rodearse de liberales, ratificó las Leyes de Reforma y confirmó la separación entre la Iglesia y el Estado.

Lo malo para él fue que nada de esto le ganó la simpatía de Juárez y de los liberales, pero sí lo enemistó con los conservadores que lo habían traído, así es que en realidad nunca tuvo mucho apoyo. Además, las condiciones mundiales cambiaron y de pronto todo estaba en su contra.

La idea de Napoleón III de apoyar un imperio mexicano en manos de Maximiliano era crear un país fuerte que fuera capaz de contener el crecimiento y el poderío de los Estados Unidos, país que desde 1860 estaba envuelto en una guerra civil, por lo que todo era propicio; podía instaurar y fortalecer el gobierno de Maximiliano mientras los estadounidenses estaban en guerra.

Pero para 1865, sin que el gobierno imperial estuviera muy consolidado, terminó la guerra civil estadounidense y aquel gobierno decidió apoyar a Juárez para derrotar al imperio, lo cual significaba acabar con la influencia europea en México y consolidar la Doctrina Monroe, ésa de América (todo el continente) para los americanos (los gringos).

Para complicarlo más, en ese mismo periodo el canciller prusiano Otto von Bismarck estaba en el proceso de unificar a todos los estados alemanes bajo un solo imperio alemán, eso significaba una amenaza para Francia, por lo que Napoleón III decidió retirar sus tropas de México en 1866. Todo quedó decidido. Mariano Escobedo y Porfirio Díaz comenzaron a recuperar el país.

Mariano Escobedo fue tomando ciudades desde el norte mientras que Díaz comenzó a apoderarse del sur, hasta que rodearon la Ciudad de México y Maximiliano tuvo que llevarse su gobierno a Querétaro, protegido por las pocas tropas que le quedaban. Para marzo de 1867 las últimas tropas francesas son derrotadas y se retiran, Maximiliano sólo conserva Puebla, Querétaro y México completamente rodeado por Escobedo y Díaz.

Mientras Porfirio Díaz recuperaba Puebla y México, las tropas de Escobedo tomaron Querétaro y capturaron a Maximiliano, quien fue sometido a juicio, acusado de atentar contra la soberanía nacional, encontrado culpable y condenado a muerte. Varias familias reales y personas importantes de Europa pidieron que el gobierno de Juárez perdonara a Maximiliano, pero fue ejecutado en 19 de julio de 1867 en el Cerro de las Campanas.

Porfirio Díaz le entregó la Ciudad de México a Juárez en medio de una crisis política entre los propios liberales. Juárez llevaba diez años en el poder y no quería dejarlo. Había tomado la presidencia en calidad de interno en 1857 y tendría que haberla dejado en 1861. En aquel año argumentó que no había gobernado a causa de la guerra, y se quedó por otro periodo que debía terminar en 1865, cuando estaba replegado en Paso de Norte y decidió autoprorrogar su mandato por dos años, hasta 1867.

Ya era 1867, algunos ofrecían el poder a Díaz y le pidieron no entregar la capital. Hubo una elección entre tres mil electores y Juárez fue nombrado presidente para un periodo hasta 1871. Comienza la etapa conocida como la República Restaurada.

¿Qué se transformó con la Guerra de Reforma? Particularmente la estructura del Estado mexicano, en realidad es apenas tras dicha guerra, cuarenta años después de la Independencia, cuando se puede hablar de la existencia de un Estado mexicano. Es también la guerra en la que México obtiene una segunda independencia: se independiza de la Iglesia católica.

Es decir que al parecer hay una transformación fundamental. Antes de la Reforma ningún gobierno había sido estable, sólido o económicamente sustentable, el poder dependía más del caudillismo que de la institucionalidad, el Estado no controlaba la totalidad del territorio ni podía hacer que se cumplieran las leyes, y las autoridades religiosas tenían control sobre la política.

Lo interesante y digno de análisis, y también triste, es que aunque todo esto cambió con la Guerra de Reforma, la realidad actual de México es que el poder sigue siendo caudillista, el gobierno no controla la totalidad del territorio ni puede hacer que se cumplan las leyes, y los religiosos siguen trepados en las barbas de los políticos. Es decir que retrocedimos lo avanzado, y eso sólo se explica precisamente porque nuestro país trata de avanzar por el camino de la revolución y ha sido incapaz de tomar la senda de la evolución.

¿Cuándo se dio ese retroceso? A partir de 1867 el gobierno mexicano fue estable y sustentable, tras diez años de guerra finalmente los mexicanos pudieron trabajar y comenzar a reconstruir el país, llegaron inversiones —principalmente estadounidenses—, comenzaron los tendidos férreos, la infraestructura y la modernidad.

Juárez gobernó en medio de críticas feroces el periodo de 1867 a 1871, y hay que decir que siempre existió libertad para dicha crítica.

En 1871 Juárez termina un mandato más y nuevamente decide reelegirse. Porfirio Díaz se rebela y se levanta en armas bajo el lema de la no reelección. Su pequeña revuelta no tuvo suficiente apoyo y estaba destinada al fracaso, pero Juárez murió en 1872 y eso le permitió a Porfirio dejar las armas sin declararse rendido, y no tuvo más remedio que aceptar la presidencia interina de Sebastián Lerdo de Tejada, quien terminó el mandato hasta 1876... y pretendió reelegirse. Díaz se rebeló una vez más y logró finalmente tener el poder.

Al final parece que los liberales eran tan ambiciosos de poder como los conservadores. Juárez lo mantuvo por quince años, Lerdo de Tejada no se perpetuó porque se lo impidió Porfirio Díaz, quien finalmente se perpetuó. Los treinta años de estabilidad que generó el Porfiriato trajeron progreso, industria y modernidad a México, pero el hecho es que el bando liberal tampoco logró establecer una institucionalidad en el poder.

La modernidad que comenzó a llegar en los últimos años de Juárez se mantuvo con Lerdo de Tejada y con Díaz, el Estado mexicano finalmente logró consolidarse, se ejerció control sobre todo el territorio, se impuso la ley y México entró en su periodo de revolución industrial. Con Díaz llegan los ferrocarriles, el teléfono, el telégrafo, el cine, las refinerías, las siderúrgicas, las presas hidroeléctricas, las minas, la extracción de petróleo, los grandes campos de cultivo, la educación.

Hay que decirlo como es: todo lo que don Porfirio fue capaz de lograr se debió a la Reforma, a esa modernización del Estado promovida por Juárez y el grupo liberal. Díaz era finalmente parte del mismo partido liberal, compartía ideario y visión del mundo con ellos. Pero para conservar el poder eternamente uno tiene que irse haciendo conservador, y eso le pasó a Porfirio Díaz.

Pero además era difícil mantener ciertas políticas liberales en un pueblo profundamente conservador. Particularmente es difícil mantener una postura en contra de la Iglesia con un pueblo tan fervorosamente creyente. Era necesaria la paz con la Iglesia, y para eso sólo había una forma: mantener sus privilegios. Parte de la aparente paz social del Porfiriato se debe a que la Iglesia dejó de azuzar al pueblo, y eso porque don Porfirio decidió ser parcial en el cumplimento de las Leyes de Reforma.

Tanto se volvió a meter la Iglesia en la política que terminó por haber otra guerra contra ella, en los últimos años de la Revolución; la llamada Guerra Cristera. Bajo el gobierno de Plutarco Elías Calles se intentó nuevamente que la Iglesia cumpliera la ley, que pagara impuestos, que se atuviera a las disposiciones de la Constitución de 1917, y eso significó otro levantamiento. La Iglesia quedó nuevamente fuera de la política con Calles y con Cárdenas... y otra vez está metida de lleno en el siglo XXI.

Pero la reflexión que no hay que dejar fuera es que la idea y el intento de modernizar este país, de transformarlo, lo cual se tradujo en la confrontación de ideologías, nos sumió en una década de matarnos unos a otros, diez años en que los grupos de poder estuvieron dispuestos a destruir el país que pretendían gobernar, y desde luego, a lanzar al pueblo a pelear sus batallas. Esto muy poco ha cambiado en el siglo XXI.

La democracia es un conflicto institucionalizado, es así en México y en el mundo. Parte de la base de que hay diversos grupos sociales con intereses distintos, y la democracia es la forma legal de que dichos grupos e intereses compitan por el poder. En los países con pueblos civilizados ese conflicto es cada vez menor, porque la evolución los ha llevado a comprender que sólo la inclusión total lleva a la paz; pero en México, con un pueblo tan proclive a la guerra, la democracia no ha dejado de ser una batalla campal.

Para que esa guerra institucionalizada y encauzada funcione y no se convierta en guerra franca y abierta, es fundamental, además de esa búsqueda de inclusión, que exista el respeto a las ideas diferentes, el diálogo que no busca convencer sino escuchar, la empatía por las causas ajenas y los problemas de los otros. No existió eso en los primeros treinta años de vida independiente, no ocurrió en la Reforma y no pasó en la Revolución. Desde luego, no pasa ahora.

Desde que comenzamos a jugar a la democracia, en 1989, comenzamos a demostrar lo absolutistas que seguimos siendo, y desde que hay redes sociales podemos constatar el odio que nos tenemos. Del año 2000 al 2018 México comenzó a tener una fractura ideológica tan terrible como la que hubo durante la Reforma; una tensión en la que estar o no con un político y su ideología se convirtió en motivo de conflicto, en insultos, etiquetas y juicios intolerantes de ambos bandos. Quizá la Reforma cambió momentáneamente la estructura fundamental del país, pero no cambió ni por un instante la mente intolerante del mexicano.

LA PRISIÓN DE LA VENGANZA

Las estructuras de un país sólo evolucionan hacia la inclusión total por una fuerza que viene desde abajo. En ese sentido sólo la visión marxista explica acertadamente el proceso de progreso social. El feudalismo es maravilloso si uno es el señor feudal, la monarquía es perfecta si uno es noble, y bajo ninguna circunstancia se busca que eso cambie; esas fuerzas de cambio necesariamente vienen de abajo.

Los de arriba siempre han tenido discursos que justifican el estar arriba, es así desde el inicio de la civilización; y cuando los de abajo comienzan la lucha de clases, también han tenido siempre un discurso, que, con diferentes formas, ha girado en torno a la justicia social y la igualdad. Pero en general no es que les moleste la estructura de explotación, sino ser los explotados; no es que estén en desacuerdo con la desigualdad, sino que no les gusta el lugar que les tocó en esa ecuación. Los de abajo siempre han luchado por igualarse con los de arriba, nunca ha ocurrido en sentido contrario.

El mejor ejemplo histórico de esta realidad lo vemos en el proceso que va de la Revolución francesa a la soviética. En el siglo XVIII, el de la llamada Ilustración, los burgueses ilustrados desarrollaron teorías que justificaban derrocar a las monarquías para empoderarse a sí mismos; dichas teorías están basadas en la soberanía popular en contra de la divina y en la manifestación de esa soberanía a través de la democracia. Es la época de las teorías de pacto social que ya se han revisado.

Libertad, igualdad y fraternidad, decían los revolucionarios franceses, pero la libertad de la que hablaban era el liberalismo económico, la fraternidad era entre ellos hasta lograr sus objetivos, y la igualdad que buscaban era precisamente la de igualarse ellos, los burgueses, con los nobles... nunca fue igualar a los de más abajo con ellos.

En su momento la burguesía fue una clase social en búsqueda del poder, una clase social esencialmente revolucionaria, los de abajo tratando de subir. Todo revolucionario quiere que las cosas cambien, y el cambio fundamental que busca es llegar al poder. En ese momento deja de estar bien vista la revolución, es la triste historia de todas las revoluciones. Una vez derrocada la monarquía francesa, los burgueses en el poder no veían con buenos ojos que el proletariado siguiera luchando y pidiendo su parte en la libertad, la igualdad y la fraternidad.

Los de abajo luchan por subir y los de arriba por no ser desplazados. Ésa es la lucha de clases. Si los de abajo buscan subir es porque abajo no se está bien, porque las condiciones son terribles, porque los abusos son muchos, porque la injusticia es excesiva. De no ser así no pelearían. Pero eso siempre ha conllevado un tema fundamental: los que suben en general vienen arrastrando mucho rencor, y ese rencor, convertido en poder, generalmente se traduce en venganza, y en una sociedad basada en la venganza siempre estará latente la nueva revolución.

La venganza es una prisión social. Si los que acceden al poder no logran soltar el rencor que en su momento fue su aliciente, la guerra siempre seguirá y la injusticia siempre prevalecerá. Los de abajo, una vez que están arriba, dejan de hablar de igualdad; los rencorosos, una vez en el poder, buscan venganza. Muchos pueblos han entendido eso y han salido de esa prisión. En México no parecemos haberlo comprendido aún.

Los ilustrados hablaban de un hombre bueno por naturaleza y de que el gobierno de la razón sólo podía llevar a un buen futuro para todos. Uno de los ilustrados más célebres, Denis Diderot, resumió en esta frase su visión de la revolución: el hombre sólo será libre cuando el último rey sea colgado con las tripas del último sacerdote. No hay ahí nada de bondad intrínseca ni de racionalidad. Hay rencor y deseo de venganza contra los que hasta entonces estaban arriba.

En una revolución siempre ganan los radicales, no puede ser de otra forma, y en ellos siempre hay rencor. En el caso de Francia eso se ejemplifica perfectamente en Robespierre, quien mandó guillotinar a casi veinte mil personas: primero al rey, luego a la nobleza y al clero, después a todo aquel que no estuviera de acuerdo con sus ideas.

Toda revolución es ganada por radicales, toda revolución deviene en guerra civil, genera excesos de los nuevos poderosos... y también por eso suele provocar una reacción conservadora, un intento de volver a un estado anterior que de pronto se ve como más estable y menos violento.

Robespierre y los jacobinos representaban lo que entonces era la izquierda política. De hecho, que ellos se sentaran del lado izquierdo en la Asamblea Nacional de Francia es el origen de los términos izquierda y derecha. Esa izquierda buscaba acabar completamente con la monarquía y cualquier vestigio que ésta dejara; pero cuando los de más abajo buscaron subir, cuando los descamisados buscaron su parte en la justicia social y los igualitarios buscaron su parte en la igualdad... cuando llegaron los de más a la izquierda, Robespierre no tuvo miramiento alguno al ordenar la represión total.

Los de arriba miran con desprecio a los de abajo en el momento de la lucha de clases. Pero cuando los de abajo finalmente ganan, los de arriba siempre se han tornado mucho más negociadores, y los de abajo, triunfantes y triunfalistas, se han mostrado siempre proclives a imponer en vez de negociar. Por qué habría que negociar con los derrotados. Esa visión ha existido en toda revolución, y si es la que prevalece, el conflicto siempre volverá.

En el caso de México, el proceso de independencia estuvo evidentemente cargado de rencor social; es el caso de la turba de Hidalgo y en menor medida el ejército de Morelos. El movimiento de Iturbide parece una revolución desde arriba, pero no es más que el otro extremo de la lucha de clases: el de arriba que busca no caer. La elite encabezó de pronto la causa libertaria, pero eso fue sólo porque en España se había impuesto una Constitución liberal que le quitaba sus privilegios a los privilegiados… entonces esos privilegiados en Nueva España decidieron desconocer dicha Constitución.

El primer objetivo del movimiento de Iturbide, por lo menos de sus financiadores, era terminar con los restos de la insurgencia. Los de arriba no quieren tener nada que ver con los de abajo ni hacerles concesiones. Es así en toda revolución, pasó en la francesa y la soviética, y en cada proceso revolucionario de México: la elite criolla está contra los insurgentes, los conservadores aristócratas están contra los liberales, la cúpula militar porfirista está contra los rebeldes. Todo eso acumula violencia, venganzas y rencores, y cuando los de abajo suben, ellos tampoco hacen ningún tipo de concesión.

Todo proceso revolucionario es una lucha de clases, y ése fue el caso de la Independencia de México. En 1810 los criollos aristócratas quieren dejar todo como está; son los criollos más desposeídos los que levantan a una turba de indios y mestizos. Para 1820, en vista de los acontecimientos en España, los iturbidistas representan a los de arriba tratando de mantenerse ahí, para lo cual eventualmente Iturbide no tuvo más remedio que aliarse con los de abajo, representados por Guerrero y los restos de la insurgencia.

¿Por qué el México independiente continuó en guerra? Simple, porque continuó la lucha de clases. Se impuso Iturbide y el imperio, y los insurgentes quedaron relegados. Los grandes republicanos que derrocan a Iturbide son republicanos porque aspiran al poder, y eso sería imposible bajo un marco imperial o monárquico. Por eso Santa Anna, tan criollo, tan arrogante, tan aristócrata, se vuelve republicano: él hubiera estado encantado con el imperio si el emperador hubiera sido Antonio I y no Agustín I.

Con el apoyo oportunista de Antonio López de Santa Anna, los insurgentes de la vieja guardia como Guerrero y Victoria se hicieron de poder, pero una vez derrocado Guerrero en 1829, los gobiernos estuvieron, con muy pocas excepciones, en manos de militares iturbidistas. Los de arriba seguían arriba.

Los liberales y sus Leyes de Reforma son la continuación de la lucha de clases; los de abajo siguen luchado por subir, y su bandera es la igualdad. Los liberales convocaron a una revolución, porque eso fue el Plan de Ayutla, y ganaron; fue por eso que, triunfantes y triunfalistas no quisieron conceder nada a los conservadores, que por eso mismo desconocieron la Constitución liberal.

Está pasando en 1857 lo mismo que en 1820, sólo que en aquel momento seguíamos dependiendo de España, y fue allá donde se impuso una Constitución liberal que los aristócratas de acá desconocieron. Los liberales de la Guerra de Reforma también traen su dosis de rencor social, y su gobierno también tuvo sus venganzas, la primera, desde luego, contra Maximiliano.

Tras la Revolución francesa se impusieron los radicales, eso es Robespierre, esto generó una reacción conservadora que buscó volver a la monarquía; ahí apareció la versión más radical de Napoleón que masacró a los monárquicos. Luego se coronó emperador y coqueteó con las casas reales, y le empezó a gustar eso de la monarquía. Tras las guerras napoleónicas, la burguesía de toda Europa buscó la negociación con la aristocracia, porque desde más abajo venía algo mucho más peligroso y enemigo de ambos: el proletario.

El proletariado europeo no obtuvo justicia social con las ideas de democracia y república de la Revolución francesa, por eso crecieron las ideas comunistas, por eso publicó Marx su manifiesto en 1848 y toda la descripción de la injusticia social que hace en él está absolutamente llena de verdad… y es el discurso para luchar contra las democracias y el nacionalismo, ideologías que siempre denunció Marx como discursos para someter al pueblo.

Un fantasma recorría Europa en el siglo XIX y era el fantasma del comunismo, y efectivamente puso a temblar a los poderosos de la época. Pero ninguna revolución comunista triunfó en aquella centuria; sí que las hubo, pero fueron aplastadas por el poder combinado de la aristocracia y la burguesía, que ya para entonces se comportaban como nobles y se habían olvidado de los discursos de igualdad.

Si la Revolución francesa hubiese sido justa e incluyente no hubiera sido necesaria la Revolución soviética. En Rusia cayó el imperio del zar y las diversas facciones políticas, desde monárquicos moderados, pasando por socialdemócratas hasta llegar a los bolcheviques, lucharon por el poder. Como en toda revolución ganaron los más radicales, los bolcheviques, que traían sus buenas dosis de rencor social, lo cual también se transformó en una era de venganzas.

Ahí están las lecciones del pasado; se supone que estudiamos historia para aprender de ellas. Un país donde no se transforman las estructuras fundamentales en búsqueda de inclusión e igualdad de oportunidades es un campo fértil para el eterno rencor. Mientras la sociedad siga estando basada en la injusticia, la guerra siempre estará latente.

¿Hay o no hay transformación con la Reforma? De las ahora llamadas tres transformaciones, es probablemente el único evento que sí implicó una gran transformación. Se consolidó el Estado, se reafirmó la independencia, se entró en un periodo de aparente madurez, se estableció el laicismo político… y quizá lo más importante: la confiscación y remate de bienes del clero permitió que mexicanos de estratos sociales bajos subieran su nivel económico.

La Reforma significó la primera vez que México entró en un sistema social de clases y no de castas; es decir, donde tu nivel lo determinas tú con tu trabajo y tu productividad, y no es un hecho de nacimiento y color de piel. Claro, eso fue así en lo legal, pero en lo profundo de esa mente colectiva mexicana, el nacimiento y el color siguen siendo tristemente importantes.

La Reforma generó un cambio en la estructura elemental, en lo socioeconómico, político, legal y religioso. Hubo movilidad en la pirámide social, muchos de abajo llegaron a arriba... y así como fueron explotados se convirtieron en explotadores. Es decir, no cambió la mentalidad, no cambiaron los condicionamientos y patrones, no dejó de existir el gandallismo, sólo tuvimos a distintos gandallas en el poder. Justo como en el siglo XX, justo como en el XXI.

Cambió brevemente la estructura elemental de México, pero a lo largo del Porfiriato todo fue lentamente volviendo a su estado original. México siguió siendo una estructura de explotación y abuso, el color de la piel siguió marcando casi todo en la vida social, las leyes que nos declaraban a todos iguales nunca se aplicaron por igual, y lentamente la religión y la política volvieron a su ancestral matrimonio.

La estructura mitológica es interesante en este periodo. Si de alguien podríamos decir que no tenía complejo de conquistado es de Benito Juárez; finalmente un indio analfabeto de la sierra que se impuso a todas las condiciones de la época, se ilustró y llegó a la presidencia. Además, Juárez fue cualquier cosa menos indigenista, como parte de su ideario liberal estaba la idea de que la única cosa buena que se podía hacer por las comunidades indígenas era sacarlas de su atraso e incorporarlas a la modernidad, aunque eso tuviera que hacerse a la fuerza.

No hay en Juárez un discurso de conquista ni una reivindicación del pasado indígena. Presente y no pasado es lo que México necesita, dijo alguna vez. Su ideal era que México fuera como

Estados Unidos, que se modernizara, que fuera global y estuviera a la vanguardia. Juárez pudo ser el defensor de México ante la invasión extranjera, pero no hay un nacionalismo cerrado en su discurso, no nos invita a mirarnos al ombligo sino a voltear al mundo.

Tampoco hubo en Díaz una visión de conquista, mucho menos una narrativa indigenista o un discurso nacionalista. En el Porfiriato se establece por vez primera un sistema educativo y un proyecto cultural en miras de dotarnos de identidad. Don Porfirio se rodeó de una elite de artistas e intelectuales que trabajaron en la construcción de dicha identidad, pero con un discurso tan globalizador que terminó por ser europeo.

En la visión de Díaz está mucho más el futuro que el pasado, no hay un México indio, pero tampoco uno mestizo que reconozca nuestra doble raíz; el discurso terminó siendo mucho más hispano y resultó inadecuado. En la realidad social, el blanco seguía arriba, el mestizo en medio y el indio abajo, los abusos y la explotación y una especie de semiesclavitud eran la normalidad, y la tan anhelada paz se logró a través de la represión y no de generar un pacto social incluyente.

El Porfiriato fue glorioso en muchos sentidos. Es un florecimiento del arte, la cultura, la ciencia, la tecnología, la infraestructura urbana, la economía, la modernidad. Pero Díaz y su mandato son, como siempre, un producto de sus circunstancias, y el espíritu del tiempo en aquella época era la modernidad industrial. Se vivía bajo el mito del progreso, donde cualquier precio debe ser pagado con tal de tener progreso material, y México, como país que llegaba tarde a esa modernidad, lo que tenía para ofrecer eran recursos y mano de obra baratos… lo mismo que ofrece en el siglo XXI.

Todo cambia con el tiempo. Las ideas del Porfiriato no estaban mal en tiempos de don Porfirio; están mal hoy, porque hoy es un tiempo diferente con un espíritu diferente. Pasa lo mismo con las ideas de Juárez, eran buenas en su tiempo, hace más de siglo y medio, pero eso no las hace buenas hoy. No deja de ser el hombre que trajo el capitalismo liberal al país, cuando ése era el signo del progreso, y el que destruyó a las comunidades indígenas exactamente por lo mismo.

El México de 1867 era liberal y parecía que habría una transformación de la estructura fundamental, pero la realidad de nuestra mente se impuso y para 1910 el país era bastante conservador, y la estructura social, económica, política y legal era muy similar a la del virreinato, sólo que con industria. Esto significa que, tras la revolución que fue la Reforma, los conservadores y aristócratas fueron lentamente volviendo al poder, o que los poderosos fueron lentamente volviéndose conservadores y aristócratas.

Por eso la caída del viejo Porfirio se convirtió en una masacre de veinte años, porque ahí seguía el rencor acumulado, porque la historia de explotación, de humillación y de abuso había continuado. Por eso el gobierno que finalmente surgió de esa revolución, el cardenismo, es radical y tiene su buena dosis de rencor y de venganza.

Pero si observamos la historia del México del siglo xx, ése en el que nunca hubo democracia a pesar de que la Revolución la comenzó el apóstol de la democracia, nos enfrentamos a lo mismo; o la vieja aristocracia conservadora fue lentamente retomando el poder, o los nuevos poderosos se fueron haciendo viejos, aristócratas y conservadores. Cambió la forma del explotador y de la explotación, pero no la explotación misma. México no dejó de ser el país de unos cuantos.

Por eso el México del cambio de milenio está lleno de rencor social, porque evidentemente ninguna transformación del pasado logró transformarlo verdaderamente, y porque siempre hubo reacción, rencor y venganza en dichas transformaciones.

Tomar el poder siempre es una gran responsabilidad, tomarlo tras un proceso revolucionario es una responsabilidad aún mayor, porque de superar o no la prisión del rencor y la venganza, dependerá la verdadera justicia, la inclusión, y el avance por el camino de la evolución.

En México un nuevo grupo tomó el poder tras un proceso de revolución, eso es bien importante comprenderlo. Lo ocurrido en México entre 1989 y el 2018 fue una revolución, una que supo aprovechar los recursos, reglas y trampas de la democracia; una revolución donde el combustible volvió a ser el rencor social, un rencor que nunca ha desaparecido porque jamás hemos sabido o querido desaparecer la injusticia.

Un grupo ha tomado el poder tras un proceso revolucionario y ya se dan a notar los moderados y los triunfalistas que tienen rencor y buscan venganza. Medio país celebra y medio país tiene miedo. Una vez México se enfrenta a la coyuntura que le permite superarse a sí mismo y alcanzar un futuro que no deja de escapársenos entre los dedos. Habrá que ver si algo hemos aprendido de la historia.

PORFIRIATO:
LA TRANSFORMACIÓN OLVIDADA

Quizá no ha existido mayor transformación en la historia de México que el Porfiriato. Paradójicamente, es el periodo que queda fuera de toda narrativa histórica, como no sea para señalarlo como símbolo de la dictadura, de la venta de la patria, del abuso y de la injusticia. Sin embargo, no dejó de ser nunca la continuidad del proyecto juarista.

Esa gran transformación que generó Porfirio no entra, evidentemente, en el discurso de las tres transformaciones, cuando es el resultado y consecuencia de esa transformación a la que llamamos Reforma, y es la causa de esa otra transformación a la que llamamos Revolución. Vemos la historia en blanco y negro, y además separamos los episodios entre sí como si fuera posible explicar la evolución y el devenir histórico fuera de la cadena de causas y efectos.

Todos memorizamos en la escuela que tuvimos una revolución, que eso fue bueno, aunque dejara tres millones de muertos y desplazados, y que su principal logro fue convertir a México de un país de caudillos en uno de instituciones. Pero una vez más, y como en todo, lo que importa es lo que hay en la mente, y ahí, en la mente colectiva del mexicano, sigue viviendo el caudillo.

El caudillismo lo aplicamos para lo bueno y para lo malo, pues además de la eterna esperanza de un salvador, uno solo, que saque a

México adelante, también tenemos siempre a un villano, uno solo, que es la causa de todas las desgracias. Tuvimos a Cortés, a Santa Anna y a don Porfirio y, afortunadamente para este último, a Salinas de Gortari. Ahí están los cuatro culpables de todo lo malo que pasa en México, eso no deja de ser pensamiento caudillista.

El pueblo mexicano es caudillista por razones simples. Ante todo, así nos ha enseñado la historia, siempre con la imagen del caudillo heroico, al estilo Juárez, el individuo que sin necesidad del pueblo salva al pueblo. Por otro lado, desde tiempos virreinales y hasta el siglo XXI, la deficiente educación mexicana y un sistema político diseñado para que el ciudadano no intervenga han causado precisamente eso: un pueblo poco interesado o poco instruido en términos de política y grandes masas que corean frases.

Parte de los problemas del México de la era de Santa Anna fue precisamente el caudillismo, ya que siempre se buscaba a don Antonio para que salvara a la patria. Durante esa etapa, con presidencias de meses, semanas o días, a falta de instituciones, el caudillo era la única opción. A veces parece que nada es distinto en el siglo XXI.

Benito Juárez pretendió institucionalizar al país, establecer un proyecto que marchara por sí solo y no dependiera de un individuo en particular, pero al no dejar el poder en quince años, terminó siendo el caudillo. Contra eso se reveló Porfirio Díaz con el irónico lema de "Sufragio efectivo, no reelección"; Díaz consolidó al país, lo hizo estable, confiable, moderno, industrial, productivo, pero todo dependía del caudillo en la presidencia, del puño de hierro de don Porfirio en el poder. Al caer el caudillo cayó su sistema.

Lo que vino después, esa guerra civil llamada Revolución, fue precisamente una guerra de caudillos que se prolongó por dos décadas, hasta que surgió el partido que la encauzó y la institucionalizó. El sistema educativo establecido por dicho partido fue el que nos enseñó el dogma ése de la institucionalización del país;

pero la verdad es que únicamente se estableció un sistema donde el caudillo era cambiado cada seis años, pero aun así todo giraba en torno a él. México derrotó al imperio, pero estableció la presidencia imperial.

En el año 2000 fue derrotado por primera vez el partido de la revolución y el pueblo esperó que el caudillo que lo derrotó resolviera todos los problemas del país, cosa que evidentemente no ocurrió. En 2018 el partido de la revolución fue derrotado nuevamente, y el pueblo está a la espera de que el nuevo caudillo triunfador transforme a México. Se podría decir que el caudillo es una institución dentro de la forma de ser del pueblo mexicano, tanto para seguir al salvador como para buscar al culpable.

En nuestra narrativa histórica tradicional, ésos son los papeles de Juárez y de Díaz; el primero fue el salvador y el segundo el villano culpable de todo. No se quiere entender que ambos fueron parte del mismo proyecto, que nunca fueron ellos solos los causantes de lo bueno o lo malo, y que los dos se encontraron con el mismo obstáculo: un pueblo mexicano en espera de que México cambie y mejore sin que ellos como individuos deban cambiar y mejorar.

En realidad, hasta que no saquemos al caudillo de nuestra mentalidad, este país no podrá avanzar y su potencial no pasará de ser el de un rebaño, siempre en espera de que llegue el buen pastor. Claro, ningún pastor en la historia ha tenido los mismos derechos y privilegios que sus ovejas.

En 1876 Porfirio Díaz jugó el papel del buen pastor. Treinta y cuatro años después desempeñó el de villano. Ese año se rebeló contra el intento de reelección de Lerdo de Tejada, y el 21 de noviembre hizo su entrada triunfante en la Ciudad de México, tras desconocerlo y vencerlo con el Plan de Tuxtepec. Para legitimar su poder tomado por las armas, decidió convocar a unas elecciones legitimadoras. Finalmente, el 5 de mayo de 1877 se convirtió en presidente constitucional.

Es imposible saber si por aquel tiempo ya tenía pensado quedarse indefinidamente en el poder, pero sí tenía claro que, debido a su lema de campaña, debería dejar el cargo presidencial en 1880 o perder toda legitimidad. Así pues, necesitaba un proyecto de cuatro años, y decidió que lo más importante para el país era consolidar la paz. A eso dedicó su primer gobierno.

Este asunto de la paz era una de las grandes diferencias con la antigua generación liberal encabezada por Juárez. Ellos eran liberales puristas y creían que no había mayor bien que la libertad, que había por lo tanto que garantizar la libertad en todos sus sentidos: de prensa, de credo, de opinión y económica, y que de esta libertad se derivarían todos los bienes nacionales, hasta llegar al orden y al progreso.

Díaz y sus seguidores pensaban lo contrario, para don Porfirio no había nada más importante que la paz, sin la cual era imposible garantizar el orden y por lo tanto dar libertades. El liberalismo de Porfirio planteaba la libertad como el fin último a alcanzar, para que hubiera libertad tenía que haber primero progreso material, económico y social, para poder tener este progreso era necesario que hubiera paz, y para eso su recurso fue la represión, con lo que no hubo paz verdadera.

Sabía que tenía que dejar el poder en 1880, pero en mayo de 1878 consiguió que se aprobara una reforma constitucional que permitía la reelección después de un periodo fuera del poder. Dejó la presidencia a su amigo Manuel González en 1880, pero con todo listo para volver en 1884. Todo ese periodo, con interludio incluido, de 1876 hasta 1910, es lo que conocemos como Porfiriato.

Dado que todo en la historia es un proceso y éste está sujeto a la ley de causa y efecto, es imposible comprender un evento sin comprender su pasado, y es imposible pretender que algún acontecimiento histórico se explique por sí solo. Todo es consecuencia de lo anterior, sea como continuidad o como reacción revolucionaria.

En ese sentido, todo el proceso del virreinato es una continuidad de lo que era España, y se enfrentó a la reacción revolucionaria de la Independencia. El México recién nacido pretendió tener una continuidad con el pasado virreinal, hasta que se enfrentó a la reacción que fue la reforma juarista. Después de Juárez entra Porfirio, y fue nada más y nada menos que la continuidad del juarismo.

El México moderno e industrial de Porfirio Díaz es la consecuencia inevitable del liberalismo impuesto por la generación de Juárez. Es lo que Juárez hubiese protagonizado de haber seguido viviendo, y es lo que le hubiera tocado a Lerdo si hubiera logrado mantener el poder. La semilla del Porfiriato está en la Reforma, el Porfiriato es el efecto y la Reforma es la causa.

La consolidación del Estado generada por Juárez le permitió un gobierno estable a Díaz, las reformas económicas generaron un Estado solvente capaz de hacer frente a la modernidad, la famosa austeridad republicana permitió que Porfirio tuviera finanzas sanas y pudiera pagar la deuda externa y tener, por primera vez, reservas internacionales.

Juárez inició la modernidad cuyos frutos cosechó Porfirio. Son famosas las grandes haciendas de miles de hectáreas del Porfiriato, esas que hicieron un campo productivo capaz de alimentarnos y de tener excedentes para exportar; pero esas haciendas son resultado de la Ley Lerdo, de despojar a la Iglesia y a las comunidades indígenas de sus propiedades y crear los grandes latifundios.

Juárez ordenó la construcción del primer tren, y lo hizo evidentemente para tener comercio y unir zonas productivas del país. Ese ferrocarril, de Veracruz a Acapulco, lo inauguró Lerdo de Tejada, y Porfirio Díaz fue la continuidad de eso: trenes del centro al norte para establecer comercio con Estados Unidos, el socio heredado por Juárez.

Las Leyes de Reforma y el gobierno liberal de Juárez y Lerdo propiciaron el nacimiento de una nueva clase social; una sociedad civil adinera, capaz de invertir y mover la economía. Esa economía capitalista liberal que hoy es tan criticada, y con justas razones, es lo que trajo Juárez, porque es el modelo que le copió a su país progresista de referencia: Estados Unidos.

El proyecto modernizador iniciado por Juárez fue lo que permitió el gran desarrollo económico del Porfiriato. Don Benito fue un hombre de su tiempo, como todos, un ilustrado del siglo XIX, educado en las ideas económicas, políticas y sociales que eran la vanguardia en su tiempo: modernidad, industria, sociedad civil, capitalismo y liberalismo, con un estado que fomenta la economía pero la deja en manos de la sociedad, un gobierno que pone orden e interviene poco.

El indígena nunca se liberó con la guerra de Independencia y siguió guardando rencor; no se liberó ni tantito con la Reforma, todo lo contrario, perdió ciertos privilegios virreinales, como las tierras comunales, y se enfrentó a que tenía pocas opciones: establecerse en las montañas a donde el gobierno juarista fue empujando a los indios, o ser peón de hacienda donde antes eran sus tierras.

Los conflictos zapatistas, por ejemplo, los pueblos despojados de sus tierras comunales que luchan contra los hacendados, es un conflicto originado con Juárez y las Leyes de Reforma, cuando el espíritu del tiempo, el mito del progreso, dictaba que todos sin excepción debían integrarse a los procesos de la modernidad. Una clásica visión del Porfiriato es la hacienda donde el dueño es blanco, el capataz es mestizo y los peones son indígenas. Esto es herencia del juarismo.

El Porfiriato fue una gran transformación. Al igual que Juárez y todos los seres humanos, Díaz fue un hombre de su tiempo, y se enfrentó a las necesidades y circunstancias de su tiempo, con las ideas y métodos de su tiempo. Le tocó vivir la época de máxima industrialización del mundo occidental, la Revolución industrial, donde las grandes potencias buscaban recursos naturales, y donde el nuevo combustible que movía al mundo era petróleo. México tenía mucho de ambos.

¿Qué ocurrió en ese México? Con el orden social no tardó en llegar la inversión extranjera a casi todos los rubros, como agricultura, minas, industria pesada, petróleo, ferrocarriles y bancos. Se comenzó a refinar y a extraer petróleo. Con las grandes haciendas, un país que antes no se alimentaba a sí mismo se convirtió en exportador de productos agrícolas, como café, tabaco, algodón, cacao y azúcar.

De pronto México comenzó a integrarse en el grupo de los países modernos, productivos, poderosos y respetables de aquel tiempo, se estableció comercio internacional con Europa y Estados Unidos, hubo crédito internacional, por primera vez un superávit económico, deuda externa pagada y reservas internacionales.

El país se hizo gobernable, entre otras cosas porque por primera vez estuvo comunicado e integrado; llegó el teléfono, se instalaron veintitrés mil kilómetros de telégrafo y treinta mil de vías férreas, se construyeron puertos y se modernizaron otros. En ese México comunicado y con recursos comenzaron a crecer las grandes ciudades, donde se estableció alumbrado público, pavimentación, drenaje y agua potable.

Todo este dinamismo económico y social, sumado a un periodo de estabilidad, propició que por vez primera se pudiera poner atención a un sistema educativo, ese México de once millones de habitantes tenía cuatro millones de estudiantes; se fundó la Escuela Normal de Profesores y la Universidad Nacional, hubo crecimiento intelectual, un gran auge de las artes y las letras, así como del ocio y el entretenimiento.

¿Y entonces por qué hubo una revolución? Si todo era tan bueno y próspero, ¿por qué un levantamiento armado? Si todo estaba bien, ¿qué salió mal? ¿Estaba todo tan bien en realidad? Álvaro Obregón resumió su visión de los hechos en una frase muy simple: "El único error de Díaz fue envejecer". Su planteamiento es que don Porfirio era el hombre perfecto para manejar el país, pero finalmente fue vencido por la edad. El héroe que derrotó a los franceses nada pudo hacer contra el más temible de los enemigos, el tiempo.

El error de Porfirio fue envejecer y no aceptarlo, y no preparar un relevo generacional, ya que junto con él envejecía también el gabinete de gobierno y la clase política. El error de Díaz fue envejecer, pero también fue dar falsas esperanzas políticas al declarar, en 1908, que veía un México listo para la democracia y que no pretendería reelegirse en 1910.

Pero quizá su más grande error fue no entender las consecuencias sociales del México moderno e industrial que construyó. Ese tipo de desarrollo económico siempre termina por generar una clase media, pensante e intelectual, que suele pujar por el poder, y la industrialización genera una clase social más, un fenómeno del todo nuevo en México: el proletariado, ese trabajador que representa la otra cara de la modernidad liberal, el lado oscuro del progreso, el explotado que busca salir de su explotación, el que genera la lucha de clases contra el capitalismo. Un hecho social inevitable que nadie en el gabinete de Díaz sabía comprender.

Y sin embargo no fue entre la intelectualidad ni entre el proletariado donde surgió la revolución, sino en la nueva clase alta de hacendados y terratenientes, generada también por el Porfiriato. Éste es precisamente el caso, en diferentes momentos, de Madero, Carranza y Obregón: la elite ansiosa de ocupar el vacío de poder.

Pero ellos contaron con un pueblo dispuesto a tomar las armas, a matar y a dejarse matar. Además, independientemente de Madero o Carranza, los grandes fenómenos populares que fueron rebeldes, como Zapata y Villa, hacen evidente el estado de injusticia social. México progresaba, crecía y entraba al concierto de las naciones, pero a costa de la explotación desmedida de otros mexicanos. El México salvaje, explotado, humillado e ignorado, seguía ahí.

Ése fue el proceso del capitalismo liberal en Europa, y lo fue en México; es el proceso económico en el que se metió el mundo tras la Revolución francesa, es el mundo construido por la Revolución industrial. Díaz se sumó a dicho proyecto, con sus luces y sus sombras, y eso es precisamente lo que hubiera hecho Benito Juárez. Díaz no está inventando nada, está continuando un proceso de modernización liberal que tiene un terrible lado oscuro.

El lado oscuro del progreso, en todos los países, es que el precio lo pagan unos y el progreso lo disfrutan otros. El capitalismo está muy bien si te tocó estar en la mitad de arriba de la pirámide, pero es terrible para la mitad de abajo; sobre todo ese capitalismo del siglo XIX, donde los gobiernos, en eterna competencia, obligan a los pueblos a sumarse a esa modernidad, donde se juega a la democracia, pero se sigue aplastando al *demos*, que por cierto, no tenía derecho al voto. La democracia donde todos votan no llegó hasta el siglo XX.

El proceso europeo incluyó liberar siervos feudales pero obligarlos a incorporarse a las filas del proletariado, presionar al pequeño propietario de tierras en favor del latifundista, empujar al hombre de campo hacia las ciudades para sumarse a la mano de obra. En México, el indio despojado de sus tierras por la Reforma fue el nuevo peón de las haciendas exportadoras, y junto con el mestizo, fueron engrosando las filas del naciente proletariado.

Es decir que para 1910 el potencial revolucionario estaba ahí. No se había notado antes porque ahí estaba el puño de hierro de don Porfirio, pero el dictador envejeció y no fue capaz de aceptarlo. En 1908 prometió que era la hora de la democracia y del relevo, pero él mismo fue receloso de relevos bien preparados como Bernardo Reyes, y al final el relevo fue un ingenuo homeópata de treinta y siete años que había pasado más tiempo de su vida fuera del país, que hablaba con espíritus y que para colmo creyó en las buenas intenciones de los gringos que financiaron y apoyaron su revolución.

Porfirio prometió democracia en 1908 y en ese mismo año Madero escribió y publicó su famoso libro *La sucesión presidencial de 1910,* en el que hacía un resumen de la historia de México, exponía las razones de Juárez para no dejar el poder e incluso justificaba a Díaz por eternizarse, pero planteaba que era momento de un relevo generacional, con Díaz en la presidencia, pero con una Cámara de Diputados nueva y electa libremente y, ante todo, un nuevo y joven vicepresidente.

Díaz comprendió la necesidad del relevo generacional en la vicepresidencia, pero también comprendió que Madero era ingenuo e incompetente, carente de cualquier tipo de experiencia política e incapaz bajo cualquier circunstancia de tener la mano firme necesaria para gobernar este país. Se entrevistaron en abril de 1909 y ahí mismo le quedó claro a don Porfirio que Madero no era su hombre, y a Madero, según sus palabras, que Díaz no estaba en realidad listo y dispuesto a la práctica de la democracia.

El terrateniente norteño tomó entonces una decisión muy valiente: postularse y promoverse por su cuenta, y recorrer el país, financiado por él mismo, para promover la democracia y a él mismo. Gracias a los trenes, teléfonos y telégrafos del Porfiriato, Madero pudo hacer una campaña intensa y efectiva, tanto, que podía ganar una elección verdaderamente libre, entonces el viejo dictador, subvalorando del todo a su contrincante, lo encarceló durante el periodo de elecciones.

En octubre de 1910, una vez que Díaz "ganara" la presidencia para un periodo ampliado a seis años, de 1910 a 1916, Madero proclamó el Plan de San Luis, donde desconocía a Díaz, y de forma absolutamente irresponsable convocó a un pueblo de alma salvaje y bárbara a la insurrección. Sus deseos se cumplieron y le ocurrió algo que vaticinaba Maquiavelo en el siglo XVI: "Puedes iniciar una guerra en cualquier momento, pero no puedes detenerla en cualquier momento".

Madero convocó a las armas a un pueblo que históricamente se había mostrado dispuesto a matar por el poder. El pueblo acudió al llamado, pero las matanzas, la masacre, la violencia y la sangre no se detuvieron con su llegada a la presidencia, sino que se prolongaron veinte años más. Madero convocó a revolucionarios como Zapata, Orozco y Villa. Soltó al tigre.

Porfirio Díaz aún pudo encabezar los festejos del centenario de la Independencia, en septiembre de 1910, ante un mundo asombrado por el desarrollo mexicano; inauguró la columna de la Independencia y, como último homenaje a su mentor, cambió el nombre de la calle de Corpus Christi a Avenida Juárez, y a la mitad de la vialidad, sobre el parque de la Alameda, inauguró el monumento que dedicaba a don Benito Juárez, un altar en estilo neoclásico en el que sólo faltaba develar la placa que ofrendaba el monumento "Al Benemérito", obsequiado por "la Patria".

Porfirio Díaz siempre dijo que lo último que necesitaba México era más guerra, por eso, cuando un bandolero prófugo de la justicia como Pancho Villa y un anarquista radical como Pascual Orozco tomaron Ciudad Juárez en mayo de 1911 y promovieron el saqueo, el presidente Díaz tomó la decisión de renunciar, pero de hacer todo en orden y formalmente.

Presentó su dimisión al Congreso, que nombró como presidente provisional a Francisco León de la Barra, quien convocó a las elecciones en las que ganó Madero. Díaz no sólo renunció, sino que decidió salir del país; el 31 de mayo de 1911, a bordo del vapor alemán Ypiranga, vio por última vez a México, al puerto de Veracruz y a su pueblo. A bordo del barco pronunció sus últimas palabras, una mezcla de reclamo, advertencia y profecía: "Han soltado al tigre, ahora a ver quién lo encierra". El tigre estuvo suelto más de veinte años, y el México penosamente construido en cinco décadas de liberalismo se desmoronó por completo. La obra de Juárez y Díaz llegaba a su fin.

TERCERA TRANSFORMACIÓN:
REVOLUCIÓN Y RENCOR ETERNO

Ahí estaba el rencor, por eso hubo una revolución. Y ahí estaba el rencor porque ahí seguía la injusticia, la cual seguía porque en cien años no habíamos logrado construir un pacto social y un país basado en la integración y el beneficio de todos. Y cien años después de la Revolución ahí sigue el rencor, porque ahí sigue la injusticia, porque aún no hemos construido un país incluyente.

¿Qué hemos hecho entonces en dos siglos? ¿Dónde están las transformaciones de México? ¿Por qué parece que después de cada avance damos un paso de regreso? Lo que hemos hecho en doscientos años es aferrarnos al pasado, mantener la mentalidad y las estructuras de injusticia y abuso; las transformaciones se pierden porque no hemos dejado de transitar por el camino de la revolución, construimos sobre lo destruido, reconstruimos sin dejar el resentimiento, el rencor y la venganza. Por eso siempre tenemos que volver a caminar por donde ya habíamos avanzado.

Mucho se avanzó en México de 1867 a 1910, pero siguió siendo con base en estructuras de abuso; hubo movilidad social pero no un cambio de mentalidad, y así, cada generación de poderosos ha replicado los vicios que pretendía combatir; eso, por cierto, les pasa a los revolucionarios de todo el mundo. Ésa es nuestra penosa historia de dos siglos, con las tres transformaciones incluidas, y será nuestro futuro perpetuo si no cambiamos en lo más profundo de nuestra mente.

El México del cambio del siglo XIX al XX es un perfecto ejemplo de un proceso histórico, económico y social que se vivió en Europa desde la Ilustración hasta la Revolución soviética. Entramos al sendero del liberalismo, llegó la modernidad junto con el capitalismo, comenzó la industrialización, como en todos los países, con el dinero de los de arriba y la fuerza laboral de los de abajo.

En ambos lados del océano evolucionó la sociedad industrial, capitalista y moderna; y generó más riqueza que nunca. Pero dado que nunca se buscó una estructura de equidad y justicia, esa maravillosa burbuja de aparente bienestar reventó. La esplendorosa *belle époque* que tanto se reflejaba en México, era bella para 15% de la población.

En Europa y en México se vivía el mismo proceso, el progreso industrial de allá también se hizo con base en la explotación desmedida, y probablemente así hubiera seguido de no haberse enfrentado a dos guerras mundiales. La reconstrucción necesaria tras las guerras, sumada a que el proletario tenía la alternativa comunista, llevó a los poderosos del viejo mundo a optar por construir el llamado Estado de Bienestar, un capitalismo liberal pero vigilado por el Estado, que se convierte en garante del bienestar colectivo y la igualdad de oportunidades.

En México no nos enfrentamos a un proceso de treinta años de guerra mundial, pero sí a veinticinco de revolución y guerra civil; y al igual que en Europa, esa guerra detuvo el progreso industrial y destruyó gran parte del progreso y la infraestructura. Al igual que allá, aquí fue fundamental el proletariado para reconstruir el país, y por primera vez se presentaba la oportunidad de hacerle justicia.

Allá llegaron a esa síntesis socialdemócrata entre el comunismo y el capitalismo liberal; aquí dimos bandazos entre los extremos y sólo se estableció un Estado paternalista que lucra políticamente con la pobreza del proletario, y por eso mismo no tiene intención de sacarlo de ese estado. En Europa se buscó elevar el nivel de vida de los trabajadores, en México se buscó paliar su pobreza con dádivas gubernamentales que hicieron tristemente célebre la frase: "Me hizo justicia la revolución".

En 1914, la versión más irracional del capitalismo liberal llevó a los europeos a un periodo de dos guerras mundiales, dentro de ese proceso bélico donde los capitalistas se destruían entre ellos, tal como vaticinó Vladimir Lenin, fue que pudo nacer la Unión Soviética. El triunfo del comunismo sobre los escombros del imperio ruso llenó de esperanza a los comunistas del mundo y de miedo a los capitalistas y aristócratas de Europa occidental. Eso los condujo al desarrollo de esos nacionalismos extremistas conocidos como fascismos.

La consolidación de la URSS en la década de los veinte generó un auge de movimientos obreros y partidos comunistas que llenaron de miedo a las elites de Europa. Fascismo y comunismo no dejan de ser lucha de clases; las elites que prefieren una dictadura militar antes que ver cómo la democracia podía llevar al poder a los comunistas; es decir, a los trabajadores que piden ser dueños del fruto de su trabajo.

Las décadas de los veinte y los treinta es cuando Europa está envuelta en ese conflicto ideológico, económico, social y político que fue el enfrentamiento de los fascismos y el comunismo. El comunismo se mantuvo a raya, es decir, dentro de la Unión Soviética, y el problema con un inmenso proletariado descontento se solucionó en gran medida usando a esos proletarios como la principal arma de las guerras: ochenta millones de muertos en treinta años.

Mientras esto ocurre en Europa —y a nivel intelectual las grandes corrientes de análisis socioeconómico son marxistas, con una gran dosis de crítica al sistema liberal y a la democracia burguesa— en México se está librando la Revolución, y finalmente esa revolución se convierte en partido. No es de extrañar que el conflicto de ideas en Europa esté reflejado en nuestro propio proceso revolucionario.

Viajemos de manera esquemática por nuestra revolución. Una vez más no es necesario defender o defenestrar a uno u otro personaje; muchos rostros hay en la Revolución y todos tienen luces y sombras. Madero sí es el hombre valiente que se enfrenta al poderoso dictador, y también es el ingenuo que creyó en los gringos, que bastaba la buena voluntad para gobernar a los mexicanos y que todos los problemas se arreglarían con su sola presencia en el poder. Madero es el aristócrata que sin saber de los horrores de una revolución decidió convocar a una, y es el hombre al que se le salió de las manos.

Zapata sí es el gran defensor de los pueblos despojados de tierras, sí es el valiente que no le temía a nada ni a nadie, sí es el hombre comprometido con su gente que no se deja sobornar por el gobierno. También es el hombre cuya intransigencia destruyó al gobierno de Madero, y sí, también es el sanguinario que ataca haciendas, saquea, viola y mata. Es el símbolo perfecto de un pueblo enfurecido y de las injusticias del mundo agrícola de aquel México.

Villa es el hombre misterioso y fascinante que siempre ha sido, bondadoso y asesino, así de bipolar. Es el genio militar, el hombre con una visión empírica y maravillosa de la justicia social, el leal a Madero hasta la muerte, el valiente, el Robin Hood mexicano. También es el cuatrero asesino, el histriónico que acabó convirtiendo su revolución en una producción cinematográfica estadounidense. Es, desde luego, el símbolo perfecto de las injusticias del mundo ganadero y hacendado de aquel México.

Así con todos, hasta el chacal Victoriano Huerta tiene sus luces, muchas cosas hizo por el país, hasta Benito Juárez le dijo: "De los indios que se educan, como usted, la patria espera mucho"; pero al final es el asesino de Madero. Carranza es el hombre institucional que quiso volver al orden y que comenzó a encauzar al país, pero también es el necio arrogante que no supo escuchar a villistas y zapatistas, y sí, es el hombre detrás de la muerte de Zapata.

Obregón es el genio militar de nuestra Revolución, el hombre que comenzó a apagar la llama revolucionaria y cuyas ideas sociales están plasmadas en la Constitución de 1917. También es el que está detrás de los asesinatos de Carranza y Villa, el que se doblegó ante los estadounidenses y el estadista cuya visión era eso de "mientras más matas, más gobiernas". Calles fue el gran constructor después de la Revolución, también es el que quiso volver a eternizarse, el de la Guerra Cristera y probablemente el que está detrás de la muerte de Obregón.

La Revolución, al igual que en Francia, no comenzó tratando de ser una revolución. Los ideólogos eran moderados y ni siquiera buscaban el fin de la monarquía, sino una modernización de ésta. Al encontrase con la resistencia, y hasta la traición del rey, fue que los hechos se desbocaron y devinieron en revolución.

Fue similar en México. Madero no está en contra de la situación social y económica del país, no está en contra del Porfiriato y sus estructuras, que tanto enriquecieron a su familia; está en contra de la realidad política y quiere modernizarla. Propone un cambio fundamental, quitar a Porfirio y quedarse él, con el ideal, porque era muy idealista, de que la democracia real y la libertad bastarían para que México se encarrilara. Quizá tenía razón, pero aún no tenemos ni democracia ni libertades reales.

Madero propone un relevo generacional y lo logra. Aunque sólo cambia él y deja a su alrededor a la misma vieja y gastada clase política, que siempre lo vio como un arribista, y que finalmente fue la que lo traicionó. Eso es lo que representa Victoriano Huerta; la elite militar porfirista que intenta volver al antiguo régimen. El México de Madero fue todo un caos y él, un revolucionario débil derrotado por la contrarrevolución. A partir de ahí todo fue guerra civil.

El México de Madero era un caos porque levantó en armas a revolucionarios reales; a un contrabandista anarquista como Pascual Orozco, a un cuatrero como Pancho Villa, y un rebelde que ya estaba de hecho levantado en armas, como es el caso de Emiliano Zapata. Orozco estaba en contra del orden establecido, cuando Madero fue el nuevo orden simplemente lo desconoció; Zapata buscaba la justicia para los campesinos de Anenecuilco, y al no obtenerla desconoció a Madero. Villa se mantuvo leal, por un vínculo más espiritual que político.

Díaz renunció en orden y así en orden fue como Madero tomó el poder en noviembre de 1911. Vino el desconocimiento de Zapata ese mismo mes, y de Orozco a inicios de 1912, los de más abajo y más a la izquierda, y la contrarrevolución de los desplazados, como Bernardo Reyes, Félix Díaz y Victoriano Huerta. Madero gobernó en 1912 en el caos total, y fue depuesto y asesinado en febrero de 1913.

Viene la etapa caótica, los radicales quedan libres por el país haciendo una revolución que se convierte en guerra civil, y el país se divide en bandos que dependían más de la suerte geográfica que de las ideas. Sólo una cosa une a todos los rebeldes: desconocer a Huerta.

Huerta intenta gobernar entre 1913 y 1914 mientras una revolución recorre los campos y ciudades del país. Zapata ha optado por la justicia propia en el sur, Villa se hace de territorios en el norte y, en medio de ese caos, otros dos hombres herencia del Porfiriato, Carranza y Obregón, son los que proponen volver a un orden institucional, lo cual implica primero derrocar a Huerta, y después lograr la pacificación de todas las facciones.

Carranza no estaba en contra de don Porfirio o del Porfiriato, creció como político a la sombra de don Porfirio, aunque también limitado por éste; pero es un hombre de clase alta que cree en las instituciones. Obregón era un próspero empresario del garbanzo que entró en la política justo en 1911. Los dos son de la burguesía del norte y saben que el caos no puede dejar nada bueno, son por eso los que planean un regreso a la institucionalidad, y una reforma a la Constitución que finalmente terminó en Constitución nueva.

Quizá el error de Carranza y Obregón, mucho más comprometidos con el orden, fue infravalorar a Zapata y a Villa. No dejan de ser parte de los de arriba, y miran con desprecio y poca empatía los problemas de los de abajo. A lo largo de 1913 y 1914 todos estaban unidos contra Huerta; una vez caído éste, lucharon entre sí.

A Villa lo respetaron porque se hizo respetar tomando casi medio país; a Zapata lo ningunearon a tal grado que cuando se convocó a la Convención Revolucionaria de Aguascalientes (octubre de 1914), para intentar mediar entre todas las facciones rebeldes, a los zapatistas no se les dio voto.

La Convención de Aguascalientes tenía su izquierda y su derecha. Dentro del carrancismo la idea fundamental era volver al orden sin mucho cambio social, mientras que al villismo no le interesa ningún orden si no venía con reformas, los obregonistas se situaban un poco en medio y los zapatistas sólo querían algo que ni Obregón ni Carranza querían hacer, pero que todo campesino pide: reparto de tierras.

En lo político, la convención resultó irrelevante porque nadie la respetó. Ahí en el recinto se votó mayoritariamente para que Carranza y Villa cesaran en sus liderazgos militares, y se eligió presidente provisional a Eulalio Gutiérrez. Hubo vivas y ovaciones para don Eulalio en noviembre de 1914, pero para diciembre, Villa y Zapata invadieron la Ciudad de México para manejar al gobierno de Gutiérrez, que huyó y los declaró traidores; mientras Carranza lo desconoció e instaló su gobierno en Veracruz con la ayuda de Obregón.

Pero en lo ideológico e intelectual la convención es muy relevante, precisamente porque durante breve tiempo fue una especie de asamblea nacional, y en ella se expusieron y debatieron diversas ideologías políticas y sociales. Mientras en lo político se iban imponiendo los más moderados que buscaban la inmediata vuelta al orden, en lo intelectual e ideológico iba creciendo una izquierda que finalmente se consolidaría en el poder veinte años más adelante, con Cárdenas como presidente y Francisco Múgica como su gran ideólogo.

Para 1914 lo que tenemos entonces es una traición entre revolucionarios. Todos se habían comprometido a respetar lo que surgiera de la Convención de Aguascalientes, a la que incluso nombraron Soberana, y todos la desconocieron. Sin embargo, para 1915 está claro que el gobierno es Carranza, a quien reconoce el gobierno estadounidense, y Villa y Zapata pasan de revolucionarios a forajidos.

De 1915 a 1920 tenemos el gobierno de Carranza, quien convoca a un congreso constituyente, una vez más una especie de asamblea nacional donde se escucharon discursos de todas las tendencias ideológicas, y donde resultaba evidente el predominio de ideas socialistas, socialdemócratas y comunistas, que de hecho quedaron plasmadas en la Constitución.

La Constitución de 1917 parecía ser la prueba de que habíamos comprendido que sólo la inclusión total lleva a la paz y al progreso, y que la justicia social debería ser la nueva norma. Al final hicimos lo de siempre: bonitas teorías que simplemente no se llevan a la práctica. El México de hoy, más de cien años después de la Revolución y su Constitución, no deja lugar a dudas.

Como tampoco hemos superado el condicionamiento aquel de la traición, después de que se traicionaron todos a todos en la convención, y que todos se desconocieron mutuamente, el gobierno de Carranza termina con una traición, su asesinato, al parecer por órdenes de Obregón, y con la participación de Lázaro Cárdenas. Sí, tal vez haya ideas e ideologías detrás de nuestra revolución, pero al parecer siempre se impuso la traición y la ambición de poder.

El otro condicionamiento mexicano es la corrupción, dicho como es: el robo. Por terrible que suene decirlo, sólo así se explica la condición social de nuestro país a más de cien años de su Revolución y su Constitución. Fue uno de los países que más desarrollo logró en el siglo xx, y una de las economías más ricas del siglo xxi, y aun así persiste la injusticia social, la pobreza y la falta de oportunidades para todos.

Nada de eso se explica o justifica con el Porfiriato y su progreso, o la destrucción de dicho progreso en la Revolución, ni con los abusos institucionalizados de la era neoliberal. Si un país tan rico como México tiene a medio pueblo pobre, es porque en todo el siglo xx y lo que va del xxi no se hizo nada para cambiar dicha situación; evidentemente faltó inteligencia y estrategia, pero es obvio que también faltó honestidad, no de pocos, no de algunos, por parte de todos.

Álvaro Obregón era quizá el hombre más preparado e ilustrado de los que hemos mencionado, pero eso no quita las ambiciones de poder, no le quitó lo salvaje y brutal para gobernar, ni mucho menos la eterna idea del político en este país: eternizarse en el poder. Gobernó de 1920 a 1924 y dejó como sucesor a Calles, a quien también le dejó la consigna de preparar su reelección.

Calles gobernó de 1924 a 1928, hizo muchas cosas, entre otras la primera versión del Partido de la Revolución, instituciones como el Banco de México y mucha infraestructura nacional, como gran parte de la red carretera. Cumplió con Obregón, ordenó las mutilaciones necesarias en la Constitución para que pudiera reelegirse, organizó la elección, le dio el triunfo… y al parecer también lo mandó asesinar. Nunca lo sabremos del todo.

La justicia social, tema que ni siquiera existía durante el Porfiriato, era ya un profundo debate intelectual en la década de los veinte, dominada por Obregón y Calles, una segunda generación de revolucionarios que nada habían tenido que ver con la caída de Díaz, pero que se habían apoderado de la Revolución.

Durante el mandato de Calles, de 1924 a 1928, y su extensión a través de títeres en el llamado Maximato, de 1928 a 1934, don Plutarco se dedicó a la reconstrucción y reindustrialización de México, así como a promover la inversión extranjera, para lo cual no superó la versión porfirista y ofreció lo mismo: al mexicano como buena mano de obra muy barata. Lo mismo que ofrecemos hoy.

Qué pasa si tratamos de sintetizar y englobar todo ese proceso al que llamamos revolución en un solo movimiento, como de hecho hace la actual narrativa. Nos encontramos con algo que no tiene pies ni cabeza, porque como la independencia, no hay una sola revolución, sino una serie de movimientos muy distintos entre sí.

El propio Madero no tenía nada en común con Emiliano Zapata o Pascual Orozco, lo cual se hizo evidente de inmediato. Es probable que se hubiera entendido mejor con Carranza o con Obregón, pero lucharon en momentos diferentes; y estos dos tampoco tenían nada que ver con Zapata o Villa, quienes quizá hubieran estado más de acuerdo con los planteamientos cardenistas, pero ninguno vivió para saberlo. Desde luego, difícilmente podríamos hacer que se entendieran Madero y Cárdenas, el que inicia y el que termina la Revolución no tienen nada que ver el uno con el otro.

Madero tiene un movimiento simple con un objetivo claro: derrocar a Díaz, instaurar la democracia y generar alternancia y estabilidad. Evidentemente fracasó. Este primer movimiento, no hay que olvidarlo, es encabezado por un aristócrata terrateniente, por lo que su visión de los problemas sociales jamás es empática con la visión zapatista, y por encima de todo, los aristócratas no están interesados en que cambien demasiado las cosas.

La segunda parte de la Revolución ya no tiene que ver con Díaz, sino con el asesinato de Madero, y la encabezan dos grupos muy diferentes y absolutamente antitéticos: por un lado está la parte popular de la Revolución, representada por Zapata y Villa, y del otro están los que terminan ordenando sus sendos asesinatos: Carranza y Obregón.

Todos son producto del Porfiriato, sólo que Carranza y Obregón muestran la luz de aquel régimen, mientras los otros muestran su lado oscuro. Los primeros siguen siendo los de arriba, pero están luchando contra Huerta aliados con los de abajo. Esa alianza no tiene cómo durar una vez caído el usurpador. Para 1915, con Carranza en el gobierno que funciona y es reconocido, o para 1917, con su legitimación a través de la Constitución, está claro que la Revolución no la ha ganado el pueblo.

Después de Carranza y la Constitución todo es guerra civil, asesinato y traición; primero con Obregón, que sigue representando a la elite del Porfiriato, y después con Calles, de una familia de mineros y terratenientes. Esa revolución, esa lucha de clases, sigue siendo ganada por los de arriba. Es con Cárdenas cuando las ideas sociales se convierten en pilar del gobierno y cuando se dota a la Revolución de una ideología, evidentemente de carga socialista.

La Revolución tiene muchos rostros, pero la nueva narrativa de las tres transformaciones ha elegido tan sólo a dos: Francisco Madero, el que la inició, y Lázaro Cárdenas, con quien termina, oficializada como gobierno, encauzada a través de un partido y sus sectores, y dotada de una ideología de nacionalismo extremo, mezclado con comunismo de corte estalinista, llamada nacionalismo revolucionario. De momento los más radicales habían quedado en el poder.

Transformación hubiera sido que el sistema cardenista continuara después de él; es imposible decir hoy si esa transformación hubiera sido para bien o para mal, pero era un proyecto acorde a la realidad social de la época. Cárdenas construyó la narrativa histórica del siglo XX, una ideología de izquierda de la revolución, que quedó plasmada en los murales de Rivera, y comenzó a organizar un nuevo Estado donde campesinos, obreros, burócratas y militares son la columna vertebral del sistema. Una vez más no fue incluyente, pues todo lo que hoy llamamos sector privado quedaba fuera de su proyecto, donde la burguesía debía tender a desaparecer.

Todos sabían quién debía suceder a Cárdenas, y era Francisco Múgica, su gran maestro ideológico, pero gran parte de la sociedad veía con miedo al hombre del que decían que convertiría a México en una copia de la URSS. También lo veían con miedo y recelo los estadounidenses, que no querían comunistas al sur de su frontera, y finalmente el relevo fue Ávila Camacho, con lo que sólo se puede decir que la facción conservadora quedó en el poder.

El problema de la lucha de clases en México parece ser que, por extrañas razones, después de efímeros triunfos de los de abajo, siempre terminan por imponerse y mantenerse los de arriba y que, fieles a los condicionamientos nacionales, mantienen la estructura de inequidad. También es, como se ha mencionado, que todo aquel que llega arriba, llega a comportarse como aquel que fue derrocado.

De Ávila Camacho a Díaz Ordaz sólo podemos decir que se impuso la reacción conservadora, y que México vivió de nuevo en ese sucedáneo de paz que es la represión. Toda lucha social se encauzó dentro del partido y se asumía como combustible del nacionalismo revolucionario, pero la lucha social que viniera de fuera del partido era reprimida con toda furia.

En 1970 llegó a la presidencia el hombre que se designó a sí mismo como un nuevo Cárdenas: Luis Echeverría. Con él volvió al poder la izquierda de adentro del partido, pero una izquierda de nacionalismo extremo, de fronteras cerradas, de expropiación, de ataque a la clase media. Una izquierda con idea del pasado, o peor aún, sin ideas. Esa izquierda de tintes intelectuales, pero poca intelectualidad, estuvo sólo dos sexenios, pero quebró al país.

Después de eso se le acabó la revolución al partido de la revolución y comenzó la era del neoliberalismo, con lo que el ala conservadora se hizo nuevamente del poder. La era del neoliberalismo hizo a México, como economía, más rico que nunca, pero concentró la riqueza en la menor cantidad de manos posibles, y una vez más, en esta era de globalización, hipercomunicación y comercio exterior, México sólo pudo ofrecer como ventaja competitiva la mano de obra barata. Nada cambia en nuestro país.

En 1968 comenzó la fractura del PRI que no se hizo evidente hasta 1989, cuando el partido se escindió y sus cuadros de más a la izquierda, junto con miembros de otras izquierdas, comunistas incluidos, formaron el PRD. Comenzaba la etapa neoliberal, evidentemente conservadora, y junto con ella comenzaba la reacción contraria, que ya no sabemos si llamar izquierda, liberal, progresista o socialista, pues ninguno de esos términos es del todo adecuado hoy en día. Pero ahí estaba, como siempre, la lucha de clases.

Ahí mismo fue comenzado el movimiento que ha llegado al poder, que evidentemente ha tenido también diferentes momentos, etapas, ideas y rostros. Una revolución muy inteligente por la vía institucional, usando y abusando de la democracia, siguiendo las reglas y cambiándolas cuando se puede, jugando en el borde de lo legal y coqueteando con la violencia, pues sigue teniendo como gran combustible el eterno rencor del pueblo más olvidado, porque en efecto, después de la Independencia, la Reforma y la Revolución, seguimos sin aprender, y aún tenemos olvidada a la mitad del pueblo.

Ahí están los rostros simbólicos de las supuestas transformaciones de México. Una Independencia que se menciona pero sin representar al cura Hidalgo; una Reforma sintetizada en Juárez que representa el laicismo, la modernidad, la austeridad, el republicanismo y el patriotismo; un Madero que simboliza la lucha por la democracia y un Cárdenas que es signo de un nacionalismo socialista que de alguna forma sintetiza a todos los demás.

Cárdenas, por lo tanto, representa la consumación de la Revolución; eso, a nivel simbólico, lo hace representar la consumación de la lucha de clases en la historia de nuestro país, el nacionalismo defensor de la patria, y al mismo tiempo una revolución de carácter socialista. De lo radical o moderada, incluyente o excluyente que resulte esta nueva vertiente de la Revolución, dependerá que logre encauzar a México por el camino de la evolución constante, o que lo mantenga en la eterna senda revolucionaria que sólo construye después de destruir.

LA PAZ COMO ÚNICA TRANSFORMACIÓN

Nuestro país no se ha transformado nada en muchos aspectos, no desde luego en su mentalidad, en su violencia, en su incapacidad de dialogar e incluir, no ha transformado en lo absoluto sus más profundos y oscuros condicionamientos psicológicos. Por otro lado, y siguiendo en gran medida la inercia del mundo, por más que al nacionalismo se le olvide que todo país existe en el mundo, ha tenido mucho más de tres transformaciones.

Claro que podemos tomar la Independencia como transformación, una que resultó de hecho muy conservadora y que nos llevó a la necesidad de una nueva, una de carácter liberal como lo fue la Reforma juarista. El Porfiriato, fruto y legado de esa modernidad, generó una gran transformación en México, al tiempo que una inamovible clase política, que necesariamente se fue haciendo conservadora, se alejaba cada vez más de la nueva realidad, lo cual generó un nuevo estallido: la Revolución.

La Revolución se hizo partido de la mano de los grupos de izquierda hasta llegar al cardenismo y eso fue una gran transformación, pero luego esa clase política empoderada en la Revolución se hizo conservadora, aunque no por eso dejó de encabezar esa transformación a la que se le da el romántico nombre de "milagro mexicano", y sus efectos secundarios, como el desarrollo estabilizador. El 68 dio inicio al regreso de la vieja izquierda y a un proceso de transformación política que llevó de nuevo al poder a la reacción conservadora, ahora llamada neoliberal.

Transformaciones hay muchas. El problema es que siempre han sido violentas, y peor aún, nunca han tenido que ver con un proyecto de nación incluyente, sino con las ideologías, necesidades e intereses del grupúsculo que se hace del poder. Las transformaciones de México han sido violentos bandazos de un lado a otro que sólo responden a la limitada visión de los que de momento se hacen del poder; por eso ninguna ha encauzado al país, por eso desde 1994 se escucha decir que estamos en la elección que definirá a México, y por eso mismo México nunca se define.

México nunca ha vivido en paz, jamás ha emprendido un camino con visión a largo plazo que incluya a la inmensa gama de actores políticos, económicos y sociales. México nunca se ha unido para avanzar sin necesidad de conflicto. Ésa es la gran transformación que necesitamos.

México nunca ha vivido en paz porque no existe entre nosotros un pacto social, y no existe porque nuestro país nunca ha estado sustentado en la equidad, en el ganar-ganar, en la igualdad de oportunidades. Es evidente que hasta el día de hoy nuestro nacionalismo ha sido un discurso patriotero de cuarta; si existiera entre nosotros el amor a México que manifestamos entre gritos y mentadas, nuestra realidad sería muy diferente.

¿Pero qué es amar a México? No es amar el territorio, la historia o la cultura, porque nada de eso es susceptible de ser amado. Un territorio puede darte identidad si así lo deseas, puedes sentir arraigo; puedes apreciar mucho nuestra cultura sin dejar de entender que todos los pueblos tienen cultura y que ésta no es comparable o mesurable; puedes estudiar, comprender y hasta sentir orgullo de nuestra historia. Nada de eso funciona si no colaboras con hacer de éste un mejor país para todos. Amar a México es amar a cada mexicano, incluyendo a ese que hoy desprecias porque piensa diferente a ti.

México siempre ha tenido grandes oportunidades de alcanzar y atrapar el futuro, y hasta ahora las ha desperdiciado. Como siempre, la oportunidad no deja de presentarse ante nosotros, y de que seamos capaces de dialogar, de ser empáticos, tolerantes y respetuosos, de nuestra capacidad de vivir o no en paz dependerá que logremos, por primera vez, una transformación.

Tres transformaciones de México nos cuenta la nueva narrativa: Independencia, Reforma y Revolución. El estado actual de nuestro país y nuestra sociedad hace evidente que ninguna transformación ha sido profunda ni duradera. Siempre hemos vuelto al pasado, siempre hemos guardado rencores, siempre han existido traiciones y venganzas, siempre hemos vuelto al camino de la guerra, siempre hemos destruido lo construido para reconstruir sobre escombros. Es momento de hacerlo diferente.

Poco nos transformaron las tres transformaciones, pero todas implicaron radicalismos, odio, rencor, intolerancia y guerra. Todas fueron imposiciones, nunca hemos desarrollado el diálogo, y por lo tanto hemos seguido siendo el país de unos cuantos. El país necesita una transformación profunda y debe comenzar por aprender a dialogar y a vivir en paz, de ahí se derivará el aceptar que somos una sociedad muy plural y con visiones muy diferentes, y que tiene que haber cabida para todos.

Si no transformamos la mente no habremos transformado nada. Comencemos por cambiar esa mentalidad perniciosa de esperar el fracaso de aquel mandatario por el que uno no votó. El fracaso del presidente se convierte en el fracaso de todos. Continuemos por aprender a escuchar al que piensa diferente, y comprender que cada visión individual depende de las circunstancias de cada individuo. Sigamos por entender que la visión propia no es la correcta, ni la incorrecta, sólo es una visión que depende de las propias circunstancias.

¿Hemos transformado el mito que nos contamos de nosotros mismos? Ya habría que aceptar que nuestra mentalidad colectiva no nos ayuda. Ya podríamos y deberíamos soltar el discurso de victimización, conquista y derrota, y desde luego, dejar esa visión inmadura que siempre encuentra los culpables afuera; eso implica amar a la patria, sí, pero no aferrarse al nacionalismo donde sólo nos miramos al ombligo. México existe en el mundo.

Sin una estructura justa nunca habrá en realidad un pacto social, y sin eso nunca dejaremos la violencia ni los rencores y por lo tanto nunca saldremos del camino de la revolución perpetua. Sólo la construcción de un país incluyente logrará que dejemos de odiarnos entre nosotros y que superemos los radicalismos. Sólo así podremos aprender a vivir en paz.

El pacto social tiene dos dimensiones. Su dimensión horizontal se da entre los habitantes, todos pactamos respetarnos entre nosotros, ponernos límites entre nosotros para lograr ese respeto, y pactamos también aceptar un gobierno. Esa parte del pacto depende por completo de nosotros aunque, desde luego, es más fácil de lograr si el gobierno cumple su parte del pacto: la dimensión vertical.

La dimensión vertical del pacto es entre el gobierno y el pueblo. El pueblo ha aceptado su parte, acepta los límites del respeto ajeno como base para ejercer la libertad, y acepta a un gobierno como eje del pacto. El gobierno debe ahora cumplir su parte, básicamente gobernar bien y para todos, apoyarnos a cumplir lo que nos toca a través de las leyes y el Estado de derecho.

El pueblo ha renunciado a sus derechos naturales, su libertad individual y su soberanía para depositar todo eso en un gobierno, al que además le paga a través de los impuestos. El gobierno debe entregar algo a cambio de esas renuncias y esos impuestos, y eso que debe entregar es seguridad en todos sus sentidos; seguridad física, certezas legales, seguridad social, bienestar colectivo, y comprender que el pacto debe ser incluyente, que el pueblo no es una clase social sino la totalidad de los habitantes de un país.

Ahora veremos al presidente acompañado de las imágenes de Hidalgo, Juárez, Madero y Cárdenas. Son símbolos de una nueva mitología. Colocarse él como culminación de esa serie de imágenes también es un símbolo. Volvemos a que ya no importa la realidad de esos personajes, que hoy nadie puede conocer a cabalidad, sino el simbolismo depositado en ellos.

Si Hidalgo representa la defensa de la libertad y la independencia nacional, es un símbolo correcto. Si Juárez representa la república, la austeridad, la modernidad, el laicismo, la soberanía popular, y los que lo usan como símbolo son los primeros en respetar esos significados, eso es perfecto. Lo mismo si Madero representa la defensa de la verdadera democracia, esa que independientemente de mayorías, respeta a todos; y si Cárdenas representa un nacionalismo manifestado en el interés social.

Todos los personajes históricos tienen luces y sombras, de que se sigan las luces o las sombras dependerá gran parte de la transformación que tanto nos urge. Hidalgo se endiosó a sí mismo y luchó con el rencor social como combustible. No necesitamos eso. Juárez fue incapaz de escuchar y dialogar, de comprender otras visiones, y su triunfalismo lo hizo imponer su proyecto. No es ésa la parte de Juárez que necesitamos, pues la democracia que impone con base en la mayoría termina por ser la dictadura de las masas. Hoy vivimos en la era de la democracia incluyente, la de la mayoría y las minorías en diálogo.

Madero fue muy ingenuo y se convenció de que su sola presencia arreglaría los problemas nacionales. No es la parte de él que necesitamos. Finalmente, Cárdenas promovió una revolución constante y una eterna lucha de clases, una sociedad controlada por el partido, y la idea de que todo extranjero es sospechoso. No es la parte de él que necesitamos.

Es muy difícil transformar un país, pues no sólo significa cambiar todo aquello que no funcione dentro la estructura fundamental; significa cambiar la mentalidad negativa, en este caso la idea de conquista, el miedo al extranjero, el rencor, la venganza, la gandallez. Significa cambiar nuestros hábitos, nuestras ideas parasitarias, nuestros condicionamientos psicológicos y patrones de conducta. Significa mirarnos con toda honestidad a nosotros mismos, encontrar en nosotros todo eso que criticamos y juzgamos en el país y sus dirigentes, y transformarlo dentro de nosotros mismos.

Transformar un país significa transformar su estructura económica, política, social y legal, pero también la estructura mental y la mitológica, cambiar el mito de nosotros mismos, contarnos otra historia. En el caso de México, significa aprender a vivir en paz, lo cual implica un profundo proceso de perdón.

No se trata de perdonar delincuentes en el ámbito de lo penal, aunque es liberador perdonarlos en la mente. Hablamos de una reconciliación nacional, de un perdón entre nosotros, de declarar la paz a todo aquel que hasta hoy te genere conflicto. Es perdonar al de otra ideología y al de otro partido, al de otro sistema de pensamiento y una diferente interpretación de la realidad, perdonar al de otra clase social, al de otra región, al de otro estado, al que está en pro o en contra de algo.

Hablamos de perdonarnos entre nosotros, de perdonarnos por no haber sabido construir entre todos un mejor país, perdonarnos por haber elegido siempre el camino de la guerra, perdonarnos por haber sido intolerantes, por ser juiciosos y prejuiciosos, por ser machos, por ser violentos y no haber encontrado otro camino.

Perdonar nuestros orígenes y nuestro pasado. Es decir, poner a dialogar a nuestras raíces siempre en conflicto en nuestra narrativa histórica. Que se perdonen el indio y el hispano, el mestizo y el criollo, el creyente y el ateo, el rojo y el mocho, el liberal y el conservador, el de izquierda y el de derecha. Perdonar nuestra historia de desencuentros y conflictos, perdonarte a ti mismo por el rencor que te has permitido sentir hasta el día de hoy, y lo destructivo que ha sido ese rencor para ti y para los demás.

México necesita comenzar de cero, porque la continuidad de nuestro pasado sólo significará seguir en guerra. No hablamos de negar el pasado, sino precisamente de aprender de él, soltarlo, y entonces transformarnos. México necesita transformar su espíritu.

Tres transformaciones tiene el espíritu, según Nietzsche. Se transforma primero en camello, luego en león y finalmente en niño. Para el filósofo alemán, el camello representa al espíritu de carga, el estoico y sufrido, el que todo lo aguanta y lo resiste, el que hinca la rodilla y se doblega, el que ve todo eso como virtuoso. Mucho de camello ha tenido ya nuestro México.

El león representa la rebeldía. El espíritu se harta del camello, de la sumisión, y entonces se rebela, saca toda su furia, su fuerza interior, y se transforma en la bestia salvaje capaz de romper sus cadenas. El león se enfrenta a su pasado de sometimiento y lo rechaza, el león se empodera de sí mismo y derrota al monstruo de su pasado y sus ataduras. El camello se doblegaba, el león sólo quiere ser libre.

El espíritu de México ha sido camello por demasiado tiempo, a nivel histórico y mental. El virreinato es la historia del camello, pero nuestra resignación religiosa, nuestra veneración de la pobreza y nuestro discurso de conquista también lo es. El león es poderoso y puede destruir todo eso para crear algo nuevo.

Pero el león no sabe crear, sólo sabe darse la libertad para poder crear algo nuevo. Ahí donde el león ha derrotado al monstruo, por qué haría falta el niño, se pregunta Nietzsche a través de su Zaratustra. Precisamente por eso, porque la furia del león sólo rompe cadenas, pero no puede crear algo nuevo; ahí es donde hace falta la inocencia que representa el niño.

México tiene mucho de camello y por lo tanto también mucho de león. El león es nuestra furia, esa que se hizo evidente en la turba de Hidalgo, en las ejecuciones sumarias de él y de Morelos, es la rabia del Pípila, haya existido o no, es el odio de la guerra de castas, es la guerra decidida contra Francia, contra Estados Unidos y contra el imperio de Maximiliano. Pero es también el odio entre nosotros, entre monárquicos y republicanos, centralistas y federalistas, conservadores y liberales.

El león es nuestra eterna ansia de libertad, pero también es nuestro machismo ridículo, nuestro nacionalismo encabronado y nuestro eterno conflicto entre hermanos. El león es el tigre del que hablaba don Porfirio, es la bestia que recorrió México durante la Revolución. El león es nuestro espíritu rebelde, es el grito de guerra del himno nacional, el soldado en cada hijo, aunque la guerra sea entre nosotros.

México ha sido camello, se ha cansado de doblegarse y ha sido león. El león ha peleado, ha combatido y ha destruido, pero aún no construye nada nuevo. El león no crea, sólo construye el espacio para esa nueva creación. ¿Qué es capaz de hacer el niño que incluso el león no ha logrado hacer?, pregunta Zaratustra. Inocencia es el niño, un nuevo comienzo, una rueda que se mueve por sí misma, un impulso creador.

El niño es el perdón que México necesita, el perdón que cada mexicano necesita dar y recibir. Es el símbolo del nuevo comienzo. Un México nuevo no puede surgir de los escombros o las cenizas del anterior. México necesita nacer de nuevo, reinventarse. La historia nunca ha dejado de ponernos oportunidades frente a nosotros, este momento de crisis, incertidumbre, miedo y esperanza es la oportunidad de un nuevo comienzo.

Voltea a tu alrededor y observa México. ¿Es esto lo mejor que podemos hacer de nosotros mismos? ¿Es esto lo mejor que tú puedes hacer por ti y por los demás? ¿Es este México el límite de nuestras capacidades? La mejor sociedad que seas capaz de imaginar es una sociedad que puedes hacer, es algo que puedes construir.

Tres transformaciones tiene el espíritu. Es hora de dejar la sumisión, para lo cual es indispensable dejar de someternos entre nosotros; es hora de tomar toda nuestra energía y fuerza vital, para lo cual es fundamental unirnos como nunca antes. Es hora de construir algo nuevo, para lo cual es absolutamente necesario perdonarnos. No te conformes con una transformación, no hagamos otra versión diferente de lo mismo.

El futuro nos espera, la vida nos pone de nuevo en la encrucijada. Es momento de hacer la mejor versión de nosotros mismos, como individuos y como sociedad. Es hora de reinventar, de comenzar de cero. Tener todo en contra o todo a favor depende de nosotros mismos, de nuestra preciada libertad. Ha llegado el momento de construir el mejor México posible.

ÍNDICE

El mito de las tres transformaciones de México de Juan Miguel Zunzunegui
se terminó de imprimir en febrero de 2019
en los talleres de
Litográfica Ingramex, S.A. de C.V.
Centeno 162-1, Col. Granjas Esmeralda, C.P. 09810
Ciudad de México.